云南百位历史名人传记丛书

中共云南省委宣传部◎编

云南出版集团
云南人民出版社

**图书在版编目（CIP）数据**

忠臣雅士——木增 / 杨福泉著. -- 昆明：云南人民出版社, 2017.10（2021.2重印）

（云南百位历史名人传记丛书）

ISBN 978-7-222-16568-7

Ⅰ. ①忠… Ⅱ. ①杨… Ⅲ. ①木增（1587-1646）-传记 Ⅳ. ①K825.6

中国版本图书馆CIP数据核字(2017)第253879号

**出 品 人：赵石定**
**责任编辑：和晓玲**
**杨 涓**
**装帧设计：马 滨**
**责任校对：周 彦**
**责任印制：马文杰**

书名 **忠臣雅士——木增**
作者 杨福泉 著
出版 云南出版集团 云南人民出版社
发行 云南人民出版社
社址 昆明市环城西路609号
邮编 650034
网址 www.ynpph.com.cn
E-mail ynrms@sina.com
开本 889mm×1194mm 1/32
印张 6.625
字数 140千
版次 2017年10月第1版
印次 2021年2月第2次印刷
印刷 云南新华印刷二厂有限责任公司
书号 ISBN 978-7-222-16568-7
定价 19.80元

如有图书质量与相关问题请与我社联系
审校部电话0871-64164626 印制科电话0871-64191534

云南人民出版社微信公众号

《云南百位历史名人传记丛书》

# 编委会名单

# 总 序

丛书编委会

历史长河浩浩荡荡！中华文明自滥觞至汇聚千流，涵纳万水，奔腾迭起，云蒸霞蔚，延五千年之长史，至今生机勃然，是迄今世界上唯一保持完整且衍传有序、光耀于人类的伟大文明。

习近平总书记指出：一个国家、一个民族的强盛，总是以文化兴盛为支撑的。中华民族是具有非凡创造力的民族，我们创造了伟大的中华文明，实现中华民族伟大复兴的中国梦，必须弘扬中国精神。以爱国主义为核心的民族精神，以改革创新为核心的时代精神，是兴国之魂，强国之魂。

云南，是祖国西南神奇、美丽、富饶的宝地，是中华文明中极具特质和创造潜力的丰美之乡。云南少数民族文化是中华民族文化的重要瑰宝。长期以来，云南大地上，各民族和睦与共，相濡相生，共同创造了色彩瑰丽、形态多元、底蕴厚重、影响深远的历史文化，为我们留下了珍贵的精神遗产。人，是历史的镜子，是历史最生动的环节，人民是历史的主人和创造主体。在人类历史的进程中，一个个不同时期的代表人物产生过一些不同的影响。“云南百位历史名人传记丛书”就是这样一丛历史的记录，一百位历史名人，虽未必尽能概全，各位历史人物的代表性也不尽相同，但都是“追梦人”，是振兴民族伟大理想的传薪人、探索者和实践家。

在这些代表人物中，无论是拓土开疆的将帅勇者，还是蹈海酬志的大国使节；无论是志于传播文明的鸿儒巨擘、先哲贤士，还是为民族独立解放而高歌猛进、慷慨捐躯的群雄英杰，都贯注了这一重要精神。正是以他们为代表的云南各族人民创造并抒写了可歌可泣的英雄史章，熔铸了坚韧不拔、奋为人先、包容博大、敢于担当的精神品质，才使云南在中华文明的长史中闪耀着特有的光辉。尤在近代中国，在辛亥护国风云中，在反对外辱保卫祖国边疆维护民族尊严、抗击日本法西斯侵略中，云南站在历史前台，以中华群雄的不屈身影演出了一幕幕豪迈悲壮的历史大戏，也更涌现了一批足以彪炳史册、光照后人的杰出人物。这一切，给予中国历史进程深远的影响。

今天，实现中华民族伟大复兴之梦，谱写富民强滇中国梦的云南篇章，需要以中华文化发展繁荣为重要条件，这就需要接续这一光荣而伟大的精神传统，在继承中创新，在创新中发展，在发展中超越。云南正处于一个新的历史起点上，需要大力挖掘历史文化资源，聚合更强大的精神动力，为推动我省科学发展、和谐发展、跨越发展凝心聚力。为此，我们组织省内外专家学者编写出版了“云南百位历史名人传记丛书”。这对加强我省各族人民，尤其是青年一代对历史的了解、认同，爱国爱乡爱民并甘于奉献，对提升优秀精神品质，形成团结奋斗的共同的思想基础，坚定推进富民强滇的信心和决心，显然有着重要的现实意义和切实的助力。

一百位历史人物，所处历史时期并不相同，其历史作用也有差异，甚至就个人的全面历史评断方面也难以等量趋同。但我们以为这些留存史迹的人物，所以传扬至今，为后世崇奉，均有他们共同的历史向度和价值取向，我们学习这些历史人物，至少应当着重于以下几个大的方面，即：“守大德、重大义、集大成、有大度、达大观”。

守大德，即恪守道德规范。“德者，本也。”（《礼记·大学》）“大德”既是国家民族的根本利益所在，也是中国文化中最核心的价值理念及标准。古语“行德则兴，背德则崩”，不仅是资政经验，也是个人修习完善的根基。所谓“厚德载物”，直观的理解，就是如果德行浅薄，是不能兴物成事，更不能造就伟大功业的。云南历史文化名人，大多以德立身，大节不移，并对此恪守坚定，一以贯之；始终保持正确信念和理想，并为之奋斗到底。这是我们首先要学习尊崇的。

重大义，即以国家民族利益的需要为个人行为取舍的标准。有大义，才有大爱。这些先贤无不爱云南爱乡土，以兴业乡梓、造福一方为己任。尤在国家民族命运攸关、生死存亡的关头，这些令人崇敬的先辈，大义擎天，逢难不避，敢于担当，责无旁贷，勇往直前，不惧牺牲。一个心存天下大公的人总会在不经意的一瞬决定大义的选择，这是社会进步的希望所在，更何况实现中华复兴的伟大梦想，还有很多异常艰危的事业在等待我们去克难攻坚。所以，举凡大义、为民为国、全身而进的精神是我们应当效法崇尚的。

集大成，“知类通达，强立而不反，谓之大成”。这些历史人物留下的足迹，予人深刻启迪。他们无论是出将入相，还是布衣一袭，均勤学不辍，求索不止，在追求真理和知识的道路上刻苦务实，义无反顾，永无终期，故能成大器，胜大任，不辱使命。今天，世界进入知识信息时代，软硬实力决定一个国家能否赢得发展机遇，乃至自立于强国之列的地位。其紧迫性不亚于先辈梦想中国富强的百年期许。但今天所谓“集大成”，是更高更大更具有生存挑战性和发展战略性的，是集世界之“大成”，集政治经济、科技文化、制度建设、社会发展等一切领域“总成”，玉成中国梦的空前伟大的事业。所以，先人刻苦自律、博学精进的学习精神我们应当秉持继承。

有大度，即要有开放包容的胸怀。云南历史文化名人的一个共通品质，也是一个显著特点就是，即使身处僻远，总能破除狭隘与陋见，以宏大度量，兼容并包，接纳先进，吸收优异，团结一切可以团结的力量，聚合一切可以聚合的资源，总成一股创造历史的宏大动力，来完成伟大的事业。哪怕是割股舍己，也在所不惜。今天，云南要实现跨越式发展，保持开放包容的胸怀尤其重要。所以，先辈"天下云南"的大度我们应当弘扬光大。

达大观，即要眼观天下，达察全局，与时俱进，审时知变，敢为人先。推动云南社会历史进步的代表人物，无不目光远大，胸怀全局，对世界潮流、时代嬗变，都能审视洞悉，并欣然顺应规律，故能在历史转折的关键时刻做出正确选择，成就改天换地的一番伟业。古语有"小智自私""达人大观"，是将为个人谋私的小智谋与担当天下兴亡的大智慧尖锐对比而言的。否则，"其兴也勃焉，其亡也忽焉"。一个为民为国而应用心智的人，必然有达观天下的心怀，也由此激发潜能、超迈寻常，而使人生境界也更加美好而宏丽。遍观世界文明史，许多影响人类进步的伟大创新，正是以此为动力和起点的。今天，中国经济社会的快速发展，国家的日益强大，正为实现中华民族伟大复兴的中国梦开拓了无限广阔的道路，也为个人实现自身价值创造着更加富实的前景。所以，先辈们达观天下的精神我们应当引为楷模。

我们对志向高远、仰观天下、俯察民情、甘为路石、慨当以慷、求真务实的历史名人，心存景仰，并愿与千千万万的读者，尤其是青年朋友一道学习弘扬。

组织编撰“云南百位历史名人传记丛书”是一项重要的文化工程，编撰出版人员都做出了艰苦的努力，但由于众手修书，书稿层次不一，成书体例难以做到完全一致，对存在的不足敬请读者批评指正，我们将虚心接受，并在修订再版时一并吸纳修改完善。

# 目录// MULU



## ◆ 精忠报国的一生



## ◆ 多才多艺，广采博纳的土司



## ◆ 木增与佛教名山鸡足山

# 目录// MULU



## ◆ 木增与徐霞客的生死之交



## ◆ 促进纳西与藏族友好关系的土司



## ◆ 后记

# 精忠报国的一生

玉龙雪山下出生的纳西土司木增，因祖父木旺在平息战乱中阵亡，父亲木青早逝，11岁即临危受命接任了丽江府土知府之职。敌酋趁木氏土司家有新丧率兵来袭，木增处变不惊，与母亲一起亲自上阵，击溃了来犯之敌。木增一生忠君爱国，报效国家。他始终以“明国忠臣”自勉，守土护国，为国家力保边境安宁。朝廷有内忧外患，他急国家之所急，不仅多次派兵参战，还常常倾囊捐资助战。木增生性刚猛，儒雅兼具，能打仗，善骑射，好诗书，“有事则戎马行间，无事则诗书礼乐”，是个儒将。他身在边地，心怀国家，曾上书进言，向朝廷提出十条建议，被视为耿直忠臣。他一生功勋赫赫，荣衔甚多。明朝覆灭之际，他在雪山悄然遁世，留下了众说纷纭的千古之谜。

## 受命于危难之际

明朝万历十五年八月十五（1587年9月19日），秋高气爽的季节，位于丽江大研古城的纳西族木氏土司家里，诞生了一个婴儿，他就是木增——纳西族历史上一位文武双全的杰出土司，中国土司史上一位传奇人物，明朝一位精忠报国的忠臣。

《木氏宦谱》中的木增（阿宅阿寺）画像

木增生活在明代晚期，其时明廷内忧外患、风雨飘摇，正处在史家所说的“日薄西山”的没落阶段。

木增出生后，按照纳西族传统的父名在前，子名在后的父子连名制习俗，取名为阿宅阿寺——他的父亲木青的纳西名是阿胜阿宅，木增的纳西名就连了父亲的本名阿宅。随后又按汉文化习俗，取汉名木增。木增，号华岳，又号生白。

纳西族的首领阶层实行的是父子连名制，这是我国一些民族普遍使用的姓名习俗，南诏王族也实行这种父子连名制。这种姓名习俗主要是为了确保父系血统按直系血亲承递，并可区分出直系血亲与非直系的远亲。此外，也是为了便利父系直系亲属特别是直系子孙享有家庭权力和财产继承权。

历经元、明、清三朝，传世22代，统治纳西族地区长达470年的丽江木氏土司，普遍认同于东巴教所记述的宇宙观和祖先世系。从民族学材料看，各民族的原生宗教与统治者的关系是比较密切的，纳西族的东巴教也不例外。明代土司木公编纂《木氏宦谱》时，曾把东巴经《媒歌》中的一段话用汉文写在前面，并把东巴经《崇搬图》（《创世纪》）所记述的英雄崇仁利恩认同为他的第7代祖先，延续了神话远祖谱系的父子连名制习俗。

东巴经《崇搬绍》中的两页，这本经书讲述了人的起源。采自洛克《中国西南古纳西王国》，图版10页

明朝洪武十五年（1382），明太祖朱元璋派大将傅友德、蓝玉、沐英征云南。明朝军队攻克了大理后，丽江纳西首领阿甲阿得审时度势，权衡利弊，率众归附明朝，朱元璋嘉奖他的功劳，“钦赐木姓”。木氏土司刻印的《皇明恩纶录》收录了明洪武年间以来朝廷颁发的圣旨，其中记有如下内容：

皇圣旨，朕荷上天眷顾，海岳效灵，祖宗积德，自即位以来，十有五载，寰宇全归于版图。西南诸夷，为云南梁王所惑。恃其险远，弗遵声教，特遣征南将军颍川侯傅友德、副将军永昌侯蓝玉、西平侯沐英等，率甲士三十万，马步并进，罪彼不庭，大军既临，渠魁以获，尔丽江土官阿得，率众先归，为夷风望。足见攄诚！且朕念前遣使奉表，智识可嘉；今命尔木姓，从听总兵官傅拟授职，建功于兹有光，永永勿忘，慎之慎之。[①]

又按清《嘉庆一统志》记载：

明，阿得，元时丽江宣抚司副使，洪武十五年，兵下云南，率众归附，改姓木。[②]

从此，木氏土司除了保持传统的父子连名制习俗之外，又有了“木”这个汉姓，并被明廷封为世袭土官知府。到了木增，就有了传统的阿宅阿寺这个父子连名制的纳西族名，也有了木增这个汉名，还有“生白”和“华岳”这两个汉文化的“字”与“号”。

---

① 《皇明恩纶录》，明隆武二年（1646 年）重刻本，国家图书馆藏。

② 民族问题五种丛书云南省编辑组编：《纳西族社会历史调查》（二），云南人民出版社，1986 年，第 219 页。

根据《皇明恩纶录》的记载，木增9岁时，他那半生戎马倥偬、南征北战的祖父木旺（阿都阿胜）在平息叛乱的战争中战死（“志存乎靖乱，遂身毙于临戎”），当时木旺年仅45岁。父亲木青（阿胜阿宅）继承了土知府一职，但在1597年11月23日就去世了，仅仅活了29岁。

《木氏宦谱》中木增的祖父木旺（阿都阿胜）的画像

关于木增的父亲木青，西方纳西学学者洛克在《中国西南古纳西王国》中有一段这样的文字叙述：

> 木青字长生，号桥岳。木青熟读中国六经，长于书法，他的字刚劲有力，如苍松古鹤，因此他又有一个别号叫松鹤。他一上任，就捐了大量军饷。由于他的人生观十分消极，导致他抛弃一切，飘然云游，一去不复返，只有其精灵长存人间。

洛克对这段话有如下的注释：

> 传说他去玉龙雪山上一座叫作“和尚义古”

的山峰，那是一个岩屑碎石覆盖的石灰石悬崖。从此就没有回来，显然他在那里自杀了。纳西人到雪山上自杀的事很普遍，尤其是恋爱的男女。纳西族称这种殉情叫“游无”。[①]

《木氏宦谱》中木增的父亲木青（阿胜阿宅）的画像

但这件事情在《木氏宦谱》里没有记载。清乾隆《丽江府志略》中，则记载木青是生病了，家里竭力调治，但还是去世了。[②]

木氏土司后人对木青的讲述则与上述说法皆不同。据木氏土司直系后裔木光先生撰文称，木青是在明万历二十四年（1596）六月，在顺宁大侯州平乱中受了箭伤，因伤势过重，回到家祭天后，于同年十月十五日去世，年仅29岁。[③]

木光先生的上述说法是有历史依据的，《木氏宦谱》（乙）中有下面的记载：

---

① 约瑟夫·洛克著，刘宗岳等译，杨福泉、刘达成审校：《中国西南古纳西王国》，云南美术出版社，1999年，第105页。

② 丽江纳西族自治县县志编委会办公室编印：乾隆《丽江府志略》，1991年，第172页。

③ 木光编著：《木府风云录》，云南民族出版社，2006年，第196页。

> 十八世考：知府木青，字长生，号乔岳，又号松鹤。未袭职之先，万历二十年，云龙州力苏劫五井司提举皇盐作耗，奉征南将军黔国公及两台明文，亲领兵随征有功，蒙奖花牌表礼，二十四年袭职管事。二十五年随例进贡，蒙给诰命一道，授中宪大夫，正妻罗氏春封为恭人。随奉文亲领土兵进征大侯州。遂终于征。后以子追封给诰命，封通政大夫布政使司职衔。皇帝诰云："有贾勇率师捐躯附义者，尤庙堂之所亟予也；而为土官木增之父，不得于身，乃得于子，而身捐则名益彰……"等语。①

从这个记载看，木青显然是在顺宁大侯州平乱时受伤而去世的。在《木氏宦谱》木青父亲木旺的画像旁，后人有这样的题诗："父子皆殉义，尤难在外藩。千秋西岭血，垂白表忠魂。"文末写有"木青同"。②

从这些记载中可以看出，木旺木青父子皆因平乱亡故。洛克所记的木青在玉龙山上自杀的传说，没有注明资料来历，估计是与后世相传木增在玉龙雪山"和尚义古"那个地方骑虎成仙的故事相混淆了。

木增是木青的独生子，父亲去世时，他年仅9岁。明万历二十六年（1598）他11岁时，朝廷批准他继承父亲的丽江

---

① 《木氏宦谱》，云南省博物馆供稿，云南美术出版社，2001 年，第 133 页。
② 《木氏宦谱》，云南省博物馆供稿，云南美术出版社，2001 年，第 130 页。

土知府职位。根据明代名士蔡毅中撰《云南木大夫生白忠孝纪》所记，父亲去世，木增非常哀痛，“号天泣血，水浆不入口者三日”。爱国忠君和孝悌敬祖是木氏土司的家风，对父母的孝敬常有记载。《木氏六公传》中记：木公（《木氏宦谱》所记第14代木氏祖先，第8代木氏土司，纳西名阿秋阿公）“君所自砥砺，惟忠孝修持”。木高，父病，“割股吁天；及承讳，哀毁有加”。木东，“父寝疾，君经月不解衣带，……比居丧；鸡骨菜色，几于灭性”。木增“慈孝性成，奉亲丧，哀毁几绝，情礼并至”。这些孝悌的德行也常在皇帝颁发给木氏土司的诰命中提到。[①]

根据《木氏宦谱》的记载，在这一年，左所（今属四川）区域乡一个叫阿丈喇毛的头人趁木氏土司家连续两任土司去世的危难之机，率众来犯。木府里因老土司新丧，人心惶惶。在这个危急时刻，木增临危不乱，召集木府的家人和下属，以祖宗所传规矩和朝廷法度等鼓励大家，言辞从容镇定，大家都感受到这个幼主不同寻常、凛然不可犯的气度和威仪，相互说：幼主英雄，我们一定能打败来犯之敌。于是下属官兵各自秣马厉兵，士气昂扬地准备出击。

年幼的木增在母亲罗氏夫人的帮助下，率领将士奋勇抗敌，击溃了阿丈喇毛率领的敌军。乾隆《丽江府志略》的“节义”一章中，记述了木增母亲罗氏夫人在那次

---

① 余海波、余嘉华：《木氏土司与丽江》，云南民族出版社，2002年，第69页。

战事中的巾帼豪气，说她在敌人来犯时，慨然说：他们以为我家夫君刚去世，儿子年幼，妇人无能为力！罗氏夫人毅然披挂上马，身先士卒，冲锋陷阵，一鼓克敌。这与历史上所记载的纳西妇女英勇善战的民风相吻合。纳西东巴经典中，有不少善战的纳西巾帼；不少史书记载，如果纳西男人之间发生了械斗和争端，只要妇女出来调解，立马就会化解械斗和争端。

蔡毅中撰写的《云南木大夫生白先生忠孝记》中也记载，木增9岁丧父，不久后即承担起了土司重任。其时，有数千敌骑兵来侵扰丽江村寨，“凶焰甚炽”。木增按剑而立，说，我要先把这些匪众灭了再吃饭。他的母亲因儿子尚年少，为之担忧，怕他在战中有闪失，劝他不要亲自出战。木增说，母亲，儿已经继承了知府之位，已经有守护疆土的责任了。木家世代以威武守卫边疆，现在这些盗匪欺负我年幼，趁机进犯，我心目中蔑视这些盗匪。于是木增召集兵马，激励将士，士气高昂，争先奋勇杀敌。木增亲自上阵击鼓指挥，“冒矢石以进”，击败了来犯之敌。

从继任第二年起，木增连续起兵征战，不断扩大木氏土司的势力范围。《云南木大夫生白先生忠孝记》记载他“威名远播，有战必胜”，说朝廷没有滇西北边地战事之忧，主要就是木增镇守边关的功劳。

编撰于清朝乾隆年间的《丽江府志略》中，对木增有这样的记录：

木增，阿德（木得）八世孙，万历间，袭丽江土知府，值北胜州构乱，以兵擒首逆高兰。时三殿鼎建，输金助工，兼陈十事，下部议可，朝廷喜其忠诚，特加参政秩。增又好读书传，极群籍，家有万卷楼。①

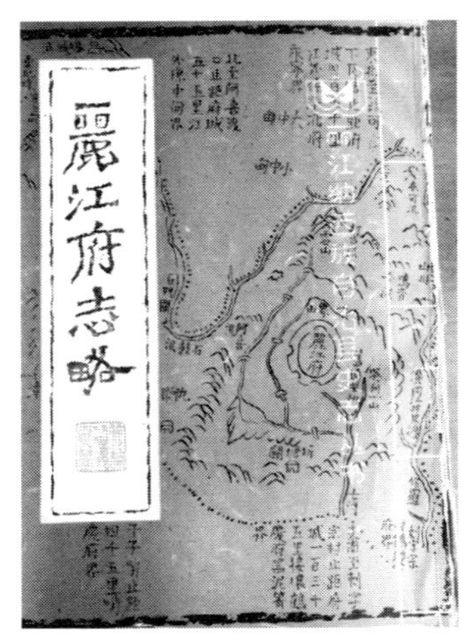

清代乾隆版《丽江府志略》

木增是明朝忠臣，他的一些著作有褒明贬清的言论，曾在雍正乾隆年间被列入禁书之列。但清代的地方志书还是对他有比较公允的评价。

木增是第13代木氏土司。学术界认为从木公到木增六代（1494~1646），是丽江纳西族木氏土司的鼎盛时期。木氏土司经过数百年的经营，到木增时，其势力已经扩展到今四川、西藏边境地区，社会经济、文化繁荣发展，史称丽江“产矿独盛，富冠诸郡”。由于农业、手工业、采矿业等的长足发展，到木增任土知府的时期，木氏土司的实力和影响力都已经空前强大。

① 丽江纳西族自治县县志编委会办公室编印：乾隆《丽江府志略》，1991年印，第171页。

木氏土司的婚姻突破了纳西人传统的“姑舅表婚”习俗，实行的是开放的跨区域跨民族的通婚，与不同地方的土官土司通婚的比较多，如木增的正妻阿室于是宁州（今云南华宁）知州禄华浩的女儿禄氏虆，木增的儿子木懿娶的是武定府世宦官女禄氏琯；木增的女儿嫁给了姚安土司高氏50世祖高守藩；木懿的女儿木荣嫁给了姚安土司高氏51世祖高耀，他们生了一个儿子高奣映，后成为博通史诗典籍的名士。我2017年到楚雄州姚安的龙华寺和德丰寺调研，看到了尚存的木懿赠送给外孙高奣映的一对石狮子和高奣映请人塑的睡卧铜像，相传高奣映小时候到外公家里玩，特别喜欢木府的一对石狮子，常常骑上去玩耍，外公因此就送给了外孙一对石狮，石狮雕得很生动，与丽江和迪庆等地尚存的木氏土司石狮风格一样。

## 以“明国忠臣”自勉，守土护国

木增生性刚猛，儒雅兼具，善打仗，善骑射，好诗书，“有事则戎马行间，无事则诗书礼乐”，是个儒将。在木增主持刊印的大藏经《甘珠尔》的引言上，盖着一颗大印，上面镌刻着“明国忠臣”四个字，木增和他的祖先们一直以此自勉自励，尽心尽责，精忠报国。土司木公曾作《建木氏勋祠记》，从中可以看出木氏土司把尊崇祖先和效忠皇室作为基本的价值观，也可以看出其家规家训。

据《滇南文略》记载，“自汉、唐、宋、元，迄今

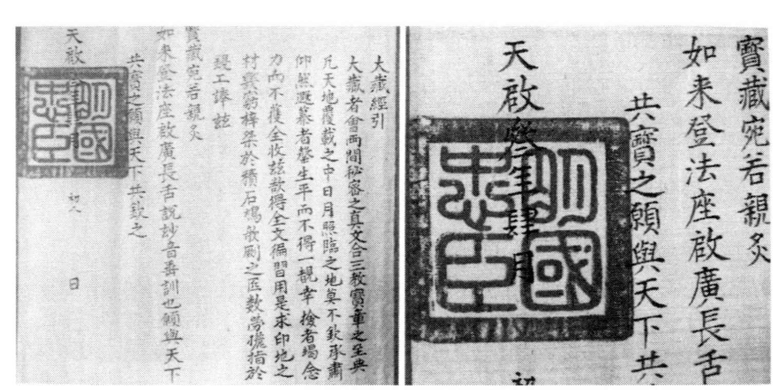


木增主持刊印的丽江版大藏经《甘珠尔》上的印鉴“明国忠臣”四字

明朝，其间为诏、为公、为侯、为节度使、为宣慰使、为察罕章、为宣抚司、为参政、为知府，皆出自国家优典。而先代建功立业之显，官世授，禄世享，政世出，谱世系，土地人民世有，得之祖宗而延及子孙者，非无本也。……报本反始，生民之常矧。……后之子孙，念祖宗之艰，述我所为善，内不可耽于酒色，外不可荒于犬马，惟立身修己，克恭克敬，勿亵尔神，勿怠尔心；学书学礼，忠君至恳，孝亲至勤，爱民至专，祀神至诚，训子至要。此五者，蓄诸内而行诸外，垂诸子孙，庶几永久无替。……尤念我祖太父本安，读书史，立宗子，不娶妾媵，家法愈浓愈备，木氏之盛，未有加于此者。凡我子孙，受朝廷世袭美官，拓边守城，不可有动挠患，以遗天子忧。遵祖宗世传之训，不可紊淆变乱，以败坏木氏家箴。易曰：自天佑之，吉无不利。我子孙亦有庆哉。”①

① 《滇南文略》卷三七，转引自余海波、余嘉华《木氏土司与丽江》，云南民族出版社，2002年，第68页。

木增恪守祖训，身体力行，敬天法祖，忠君爱国。只要朝廷调遣，就义无反顾地倾力出兵征战或积极贡献粮饷，把奉调征战视为臣子之责，积极为国效力。木增曾多次奉朝廷之命参与平息叛乱的战争，比如曾在崇祯元年（1628）奉朝廷之命到云龙县（今属云南）平息叛乱，多次立军功。在木增当土知府的时期，木氏土司在滇川藏区的势力范围达到了历史上的最大。所辖区域东北至四川省的木里、九龙一带，北及四川省巴塘、理塘和西藏的昌都，西抵缅甸恩梅开江一带。

一直延续到木增时代的各代木氏土司与康巴[①]藏区一些头人的频繁征战，有其历史背景。明代纳西族木氏土司与藏地的政治关系与明朝对藏地的政治策略有密切的关系。明朝统治者对藏区的基本政治策略是，分封西藏地方政教首领，推行“多封众建，尚用僧徒”的政策。但在这些政策的后面，鉴于历史上吐蕃和中央王朝多有纷争的情况，明朝对藏区还是有防范之心。明朝尽管继承了元朝对藏区的行政管辖权，设立了管辖藏区的行政管理机构，对藏地的宗教领袖实行“多封众建”的政策，改善了与藏区的关系，促进了中原与藏地的经济和文化交流，但另一方面，明代蒙古势力虽然北退到蒙古草原，但北元依旧兵强马壮，不断南下威胁明朝的统治。明朝面临的最大政

① 康巴亦称康区或康巴地区，是中国三大藏族聚居区之一（其他两个区域是卫藏和安多）。康巴地区位于横断山区的大山大河夹峙之中，指现在四川的甘孜藏族自治州、阿坝藏族羌族自治州（部分）、木里藏族自治县，西藏的昌都市，云南的迪庆藏族自治州，青海的玉树藏族自治州等地区。

治问题就是“备虏”，即防止蒙古人南下。为此，明朝不顾劳民伤财，大修边墙，还设置“九边”防御体系，在北边屯驻了大量兵马。这样，在藏区纵深地带驻兵就不大可能了，而仅是在藏汉交界的安多、康区驻扎一些军队。但是，在安多南部地带和康区的驻兵数量也还是不足的，尤其是川康滇交界地带驻兵数更是缺口较大。在《明实录》中可以看到，一旦康区发生争端，当地的驻军往往不敷使用，要从河西、安多藏区调兵遣将。明朝统治者始终担心“北虏”（蒙古人）与“南番”（藏人）联手。所以，一方面，效仿汉朝“严羌胡之防”的策略，屯重兵于安多北部。[①]另一方面，明廷仿效中国封建统治者历来采取的政治手段，实施“以藩治藩”“以夷治夷”的统治政策。明王朝曾对川西藏族地区长河西、鱼通、宁远宣慰司提出：“以蛮攻蛮，诚治边之善道”；对朵甘都司“以西番地广人犷悍，欲分其势而杀其力，使不为边患”；并以“西陲宴然，终明之世无番寇之患”而自诩。[②]与藏区接壤的滇西北区域被朝廷视为重要的边关要塞。丽江、永宁等纳西族聚居地更是被视为“可以筹云南”的战略要地。明廷对实力强大的纳西族木氏土司非常信任，不断封官赏赐，大力扶持，利用实力日臻强大的纳西族木氏土司来控制、牵制今迪庆等滇川康区部分地区的藏族头人势

① 伊伟先：《明代藏族史研究》，民族出版社，2000年，第170页。

② 《明史·朵甘乌斯藏行都指挥司》卷三二一，转引自《纳西族史》，四川民族出版社，1994年，第297页。

力，这成为明代木氏土司与藏区关系的重要政治背景。

明代万历《云南通志》卷一六《分制吐蕃》中记：“吐蕃在云南铁桥之北，一名古宗，一名西蕃，一名细腰蕃。在唐常寇云南，南诏不能胜，让之为兄，乃得粗安。后剑南节度提南诏兵捣其巢穴，斩首数十万，永断铁桥。吐蕃自是不复为云南患。我高皇帝既平云南，遂裂吐蕃为二十三支，分属郡邑，以土官辖之，丽江府控制古宗，永宁府、北胜、蒗渠等州控制诸蕃，今蕃人皆效顺，惟我所麾矣。”①

《明实录》中也有这样的记载：“……我朝始率众归附，太祖高皇帝令木氏世知府事，守石门以绝西域，守铁桥以断吐蕃。国家自有云南以来，免受西戎之患者，皆该府藩蔽之力也。”②

出于明廷的政策影响和木氏土司欲扩大势力范围等原因，纳西、藏两族之间的战事比较频繁，木氏土司的势力远达滇康地区的德钦、维西、盐井、芒康、巴塘、理塘、木里等地区。这样就形成了两族的宗教、文化和经济的交流与夺城争地的战争交错在一起进行的复杂局面。

关于明王朝将木氏土司视为控制滇川藏边界的重要力量，利用木氏土司，在防范藏区上施行“以夷治

① 方国瑜主编，徐文德、木芹、郑志惠纂录校订：《云南史料丛刊》第五卷，云南大学出版社，1998 年，第 424 页。

② 《神宗实录》卷三八三，转引自方国瑜主编，徐文德、木芹纂录校订：《云南史料丛刊》第四卷。

夷”“以藩治藩”，藏学界对这一点也是有共识的。[①]

从《木氏宦谱》以及其他史书的记载中，可见木增非常善于用兵，多次在与周围番兵（吐蕃等部族）的战事中，以智谋取得战事胜利。而且在战争中能善待俘虏和投降的敌军，使敌军数千人归顺，并“散其党”，从而使丽江及其周围地区的民众能休养生息。[②]

木增由于军功卓著，屡获朝廷褒奖，先后受封为四川和广西左、右布政使，太仆寺正卿，并敕建“忠义坊”，“以风励诸省土司”，是历代木氏土司中授衔最多的一位。以下是他受封的详情：明万历三十四年（1606），木增被朝廷授封中宪大夫；明天启二年（1622），升任云南布政使司右参政，授中议大夫；明崇祯四年（1631）升为广西布政使司右布政；崇祯十三年（1640）升任四川布政使司左布政；明天启二年，朝廷褒以“荩忠”

北岳庙（三多庙）中三多塑像的上方有木增题写的“雪亮”二字

① 杨福泉：《纳西族与藏族的历史关系研究》，云南人民出版社、云南大学出版社，2011 年，第 80~81 页。

② 〔明〕蔡毅中：《云南木大夫生白先生忠孝记》，方国瑜主编，徐文德、木芹、郑志惠纂录校订：《云南史料丛刊》第五卷，云南大学出版社，1998 年，第 560~563 页。

（忠诚之意）；明崇祯十三年，“着于省城建坊，以风励诸土司”；明崇祯十七年（1644），晋升为太仆寺卿，准建“位列九卿”四字坊。

玉龙县大具乡一个采石场发现的摩崖，上面刻着“万历四三”四个字

笔者曾于1999年11月在当时的丽江纳西族自治县大具乡（今属玉龙县）一个采石场考察过一块上面镌刻着“万历四三”四个字的石头，此摩崖石高约1米、宽约3米。乾隆年间撰修的《丽江府志略》中记载曰：“忠义坊，在土通判署右，高数丈，栋梁斗拱，通体皆石，坚致精工，无与敌者。明万历间，土知府木增奉敕建。”正与摩崖上所刻的“万历四三”（1615）相呼应。显然这个地方是木氏土司建石牌坊时的采石场。①

根据《木氏宦谱》的记载，木增的正妻叫阿室于，是滇南宁州（今云南省华宁县宁州镇）土知州禄华浩的女儿，官名禄氏藩，诰封为夫人。木增有四个孩子，徐霞客在他的游记中写木增四子“威仪动荡，语言清晰可辨”。木增的大儿子木懿（阿寺阿春）后来承袭了他的丽

① 杨福泉：《明代丽江大具摩崖调查》，载杨福泉《纳西民族志：田野调查实录》，中国书籍出版社，2008年，第8~9页。

江土知府职位。洛克在其著作《中国西南古纳西王国》一书中根据他所见到的《木氏宦谱》整理的木增生平中说，他的第二个妻子是贤惠的阿室辉，生长子阿春，承袭父职。他的第三个妻子是有德的阿室哥，或称阿室荣，生三子：阿先、阿宝、阿仁。[①]

木增继任后，明朝廷在东北一线与女真建州的军事对抗白热化，战事吃紧。在国家处于危难之时，木增在边地筹集资金，遵照母亲临终时的嘱咐，“将母亲所遗妆奁衣饰，并多年积蓄六千余两，再凑三千八百六十八两，共约一万两，解充辽饷”。木增在给朝廷的《辽左发难捐资助饷疏》中，慷慨陈词，说木氏“世受国恩”，本应亲自率领军队助战，“以彰国威，以快臣心”，但因“臣所守疆场，为四面受敌之区，西番北虏，出没无时”，于是捐助军饷，为国家尽心尽力，反映了边地少数民族首领以国家为重、深明大义的情操和爱国情怀。木增的义举得到了朝廷的嘉奖，“木增忠顺可嘉！”明天启七年（1627），圣旨嘉奖曰：“罗氏抚夷训孤，有裨风化，准建坊表扬节烈。”（《皇明恩纶录》）

木增在国家边患之际，曾作诗抒写他心系国家安危、倾情效力的情怀：

---

① 〔美〕约瑟夫·洛克著，刘宗岳等译，杨福泉、刘达成审校：《中国西南古纳西王国》，云南美术出版社，1999年，第76页。

## 闻辽有警（二首）

一

羽檄传辽左，九重东顾劳。
陈兵皆虎旅，克敌本龙韬。
塞月寒笳鼓，征云湿战袍。
铙歌朱鹭曲，应满圣明朝。

纳贡历来是木氏土司对中央王朝表示忠心和诚信的重要形式，也是木氏土司对国家认同的突出表现。尤其是在国家多灾多难的时刻，木增捐大量饷银，帮助解国家之困，实实在在地显示了他忠诚爱国的一片诚心和行动。

从上面这首诗中，我们宛然看到如下情景：辽东边关作乱入侵的急讯传来，“九重”天子的将士又要鞍马劳顿东征鏖战了。奔赴前线的士兵都是骁勇善战的劲旅，战略战术得当就能克敌制胜。边地寒月疏星，鼓角相闻，战士的战袍也被战场上的阴云湿透了。木增仿佛听到军歌雄壮、军乐昂扬，壮士出征的气氛弥漫在朝廷。

二

每爱潜夫论，其如东事何。
主忧臣与辱，师众饷尤多。
薄贡惭毛滴，天恩旷海波。
狼烟旦夕扫，泉石葆天和。

《潜夫论》是东汉末王符著的一本书，内容多陈述朝政得失，揭露官吏豪强的罪行。该书作者隐居著述，所以号“潜夫”。这首诗大致表达了这样的意思：皇帝有忧患，但臣子不能解忧，这是为臣的耻辱。劳师远征需要很多粮饷银两，我远道贡献一点点银钱，不过是毫毛滴水之献，感到惭愧。而皇上的恩德却如海洋一样浩荡。我只希望狼烟战云能尽快扫清，重现清平世界，朗朗乾坤，让一草一木都得享自然祥和之气。[①]木增竭尽全力贡献军饷粮草给朝廷用于战事，表现了他忠君爱国的耿耿情怀。

从木增另一首《宁西大捷漫赋》中，也可以看出他关心国家安危、积极参与朝廷平乱之举的一面：

整旅堂堂锋镝场，貔貅奕奕武威扬。
佩刀掣鞘冲星斗，羽纛安营慑虎狼。
沙漠风声秋跃马，金江月朗夜归航。
微勋开拓凭廊庙，暇裔从今载职方。

“宁西大捷”是滇中平定边乱的一次军事行动，丽江木氏土司奉调参战。此诗描写了如下场面：军队庄严威武地开赴前线，刀枪箭镞林立，将士威风如貔貅，刀剑出鞘，寒光直逼星斗；营帐竖起羽饰大旗，慑服虎狼。沙漠秋风起，将士横刀跃马，冲锋杀敌。明月照耀金沙江，将

① 李世宗：《读诗随笔——丽江诗选读》，云南民族出版社，2010年，第55~56页。

士们胜利归来。这次参战获得了朝廷的嘉奖。木增谦恭地写道，战争的胜利是凭借了朝廷的威望和决策有方，而更可喜的是，从此那一方的边地边民，将载入国家版图，不再是“化外之民”了。①

木增此诗反映了木氏土司历来强烈的国家认同意识，“微勋开拓凭廊庙”，反映出木增认识到因为国家的大力扶持，他才能创下一些安邦平乱的功劳。木增积极参与朝廷的平乱之举，如万历四十八年（1620）北胜州（今永胜县）舍人高兰谋夺州官职，木增奉命缉捕，俘获元凶。就在这一年，木增又捐助银子1200两给朝廷买战马，皇帝钦赐“忠义”。崇祯元年（1628），木增奉文派人领兵捕获了云龙州13个叛逆之徒。

木高（木公之子，《木氏宦谱》所记的第15代木氏祖先，第9代木氏土司，纳西名阿公阿目），曾得到敕赐的“乔木世家”四字，他在嘉靖十三年（1534）写过一首诗：

木氏渊源越汉来，先王百代祖为魁。
金江不断流千古，雪岳尊宗接上台。
官拜五朝扶圣主，世居三甸守规恢。
扫苔梵墨分明见，七岁能文非等才。

其中所说的“官拜五朝扶圣主，世居三甸守规

① 译文主要依据李世宗先生著：《读诗随笔——丽江诗选读》，有些地方根据笔者的理解做了修改。

1997年重新修复的木府议事厅，上面挂着明朝皇帝钦赐的“诚信报国”四字匾额

恢”，反映出木氏土司世守丽江等三甸，以竭力效忠国家为自己的规则和目标，反映了强烈的国家认同意识。

历代木氏土司忠君爱国，忠心耿耿报效朝廷和国家，拓边守域，让朝廷安心；并在施政中遵守朝纲朝纪，从未叛乱；按期朝贡、朝贺，按时交纳赋税，捐赠银钱。国家有事出兵出征，木氏土司积极捐银助饷，派兵出征，因此屡屡得到朝廷的嘉奖褒扬。到木增任上，更是勤勉事主，为国分忧，《皇明恩纶录》记载木增“世守臣节，恪守官常”，“琅琅大义，始终不渝”。[①]

传统的儒家学说也深深地渗透到木增的灵魂深处，他崇尚礼制，尊天重祖，笃于忠孝。他忠于明廷君王，以国事为重，数十年如一日。每遇朔望，衣冠遥拜，俨如咫尺天颜；国家有事，屡屡派兵助饷，以解国难。晚年隐居

① 余海波、余嘉华：《木氏土司与丽江》，云南民族出版社，2002年，第69~70页。

芝山仍关心社稷。他捐资建寺、刊刻佛经，其重要目的是护国庇民。为传播儒学，他曾捐资在鹤庆建文庙学宫。崇儒学经，“求其精一执中之旨”。

如余嘉华教授所指出的，木增身在边陲，对国家的安危、治乱极为关注，常常“读邸报”，以时事赋诗，如“黄河清”，他喜；“闻辽有警”，他忧；“宁西大捷”，他庆；朝廷“释刘直臣”，他贺。自己的感情随朝廷的命运而起伏。如：

王师经岁遏胡尘，每读邮书为蹙频。
万里遐荒输夙悃，九重浩荡沛新纶。
疏庸忝负封疆寄，报称还期戎狄宾。
树绩鹰扬经略在，须臾饮至慰枫宸。[①]

从诗中可以读出作者在战争烽烟中心系国家安危，愁眉紧锁，以诗表达自己的忠诚之心、对朝廷的系念，热望早日克敌获胜的殷殷之情。

木增生活在明末，当时正是中国社会大变动的时期。明朝宦官政治腐败，大规模的农民起义和关外清人的侵扰带来连年的战争。木增在诗中流露出他深深的忧国之情。

他期待朝廷军队御敌得胜，保国安民：“主忧臣与

① 余嘉华：《古滇文化思辨录》，云南教育出版社，1997年，第145页。

辱，师众饷尤多。”“狼烟旦夕扫，泉石保天和。”他不仅捐赠大量银钱给朝廷做军饷，而且还抱着忧国忧民的臣子忠心上疏进言，提了十条建议：敬天，遵守先祖法度；爱身修德，去声色犬马之事；爱民减役薄税；多用贤能之士，广开言路，多听忠言；详察博访，辨别邪正，明辨是非；重诚信，守信用，赏罚分明；平定辽东边患；重视孔子之学（圣学）。当时皇帝和大臣很赞赏他的这些建议，“谓其言简而切，旨近而远”[①]。

值得注意的是，木增在这次向皇帝提出的十条建议中，首先提出的是“敬天法祖”。这条建议既反映了木增认为人在世上，无论是为君为臣为民，都应敬畏天地自然的思想，也反映了纳西族历来以祭天祭祖为最为神圣之事的传统。纳西族自我认同的就是“纳西是祭天的人”，祭天是东巴教最神圣和盛大的祭祀仪式，而祭天仪式所祭祀的，既是天和地，也是本民族的创世祖先。纳西族把礼敬高天大地和祖先这两者视为最重要的大事，并且把这两者融合在纳西族的“蒙本”（mee biuq，祭天）仪式中。从徐霞客的游记中也可看到明代纳西族的习俗中，祭天是很重大的仪式：“其俗新正祭天之礼，自元旦至元宵后二十日，数举方止。”

从下面一首诗中，也可读出他精忠报国的夙愿：

① 方国瑜主编，徐文德、木芹、郑志惠纂录校订：《云南史料丛刊》第五卷，云南大学出版社，1998 年，第 561~562 页。

玉龙县塔城乡署明村的纳西族在举行祭天仪式

象岭东南镇域中，湖波晓映太阳红。
重阴积暗曦光破，幽谷穷岩暖气融。
一片葵新常拱向，多时曝背欲输忠。
扶天赤手国图远，日下丝纶眷命隆。

丹心向日，曝背输忠，一片赤诚，只恐赤手扶天，力有不逮，有负皇恩。木增忠君报国的志愿在这首诗里表现得非常突出。

木增所做的利国利民的事很多，当时的人曾这样评论他：

崇儒重道，倡义弘济，未可更仆以数，如建尊经于鹤庠，建大石桥于禄丰，建悉檀寺于鸡山，凡有利益众生者，无不极力为之。后人评曰：

木土司生白，布施宏大。古庭诸语录，版刻嘉兴。《鸡山志》木增捐资数万。[①]

## 末世悲音，悄然遁世

木增虽然功高盖世，开创了木氏土司的鼎盛时期，但他不留恋官位，不眷恋世间名利。他一生倾心于道教佛教，逐渐有归隐山林的念头。而且，在他在任期间，特别是万历年间，明王朝处于风雨飘摇的多事之秋，以“明国忠臣”明志的木增内心深处对当时的时局和明朝有深重的忧思、沮丧和失望。《明实录》中有记载：

> 天启二年（1622）八月己卯……云南丽江土知府木增御虏致疾，告替入山。追加本省布政使司左参政职衔致仕，以劝忠义。

从这条记载看，木增还因为频繁领兵打仗而操劳致病，这可能也是他退隐的原因之一。《明史·云南土司传》中记载：“天启二年，增（木增）以病告，加授左参政致仕。五年，特给增诰命，以旌其忠。云南诸土官，知诗书，好礼守义，以丽江木氏为首云。”龚荫在《明史云南土司传笺证》中说：“‘云南诸土官，知诗书，好礼

---

① 〔明〕蔡毅中：《云南木大夫生白先生忠孝记》，载方国瑜主编，徐文德、木芹、郑志惠纂录校订：《云南史料丛刊》第五卷，云南大学出版社，1998年，第560~563页。

守义，以丽江木氏为首云。’这是赞许土知府木增。”《道光云南志钞》记载：“（木）增延纳儒流，所著为一时名士称赞。”《新纂云南通志》记载：“（木）增善武略，且好文雅。”①

明天启四年（1624），木增虽仅37岁，但退隐之心逐渐坚定，向朝廷连上五疏，请求辞去自己的职务，让儿子木懿继承丽江土知府一职，自己隐居在丽江玉龙雪山西脉的芝山解脱林。他貌似隐居林泉，不问世事，但作为明朝倚重的边地名臣，以“明国忠臣”自勉自励的木增，不会闭眼不问国家大事。从他的诗作中，可以看出他心怀社稷、忧国忧民的情怀。

简要看一下晚明的形势。1572年，明穆宗因中风突然驾崩，年仅9岁的皇太子朱翊钧继位，改元万历。在名臣张居正的辅佐下，大力整顿朝纲，进行体制改革，曾有过史称的“万历中兴”。但后来明神宗不理朝政。在东北，由于深受明神宗信任的辽东总兵李成梁后期腐化堕落，大肆谎报军情，骗取军功封赏，军事打击目标上偏袒努尔哈赤的势力，致使明末边患严重，并最终导致清朝入主中国。因此《明史》曾记曰：“论者谓：明之亡，实亡于神宗。”张居正死后，初期明神宗尚能保持对朝政的兴趣，但在位期间有东林党争、国本之争等重大事件，对外有朝鲜之役与萨尔浒之战。万历一朝成为明朝由盛转衰的

① 龚荫：《明史云南土司传笺证》，云南民族出版社，1988年，第125~126页。

转折期。1620年，明神宗驾崩，其长子朱常洛登基，为明光宗，明光宗仅在位一个月，在八月二十九日，又因服用了李可灼的红丸，九月一日五更时猝死。明熹宗朱由校继位，改元天启。

天启七年（1627），明熹宗驾崩，信王朱由检继位，即明思宗，年号崇祯。崇祯继位后，励精图治，锐意铲除阉党，改革朝政，下令魏忠贤去凤阳守陵。魏忠贤于途中与党羽李朝钦一起自缢，明思宗将其首级悬于河间老家，阉党其他很多成员也被贬黜或处死。但是崇祯用人多疑，他在位期间换了50个宰相，又刚愎自用、举棋不定，导致了晚明局势日益趋于危险。1629年，后金的皇太极绕道长城入侵北京，明朝名将袁崇焕紧急回军与皇太极对峙于北京广渠门。后皇太极使用反间计，导致崇祯皇帝误杀了袁崇焕。其后，皇太极多番远征蒙古，终于在六年后彻底击败林丹汗，次年在盛京（后金在1625至1644年的都城，即今辽宁省沈阳市）称帝，改国号为清。清军五次经长城入侵明朝北直隶、山东等地区，史称清兵入塞。当时北直隶连年灾荒疫疾，民不聊生。辽西局势亦日益恶化，清军多次与明军作战，最后于1640年占领锦州等地，明军主力洪承畴等人投降，明朝势力退缩至山海关。

明中期之后时常发生农民暴动，崇祯时期朝政混乱，官员贪污昏庸，与后金的战争带来大量辽饷的需求，加之战争中很多地方遭受后金兵的大肆掠夺，同时碰上当时小冰期，气候变冷，农业减产导致全国性饥荒，这些都加重了明朝百姓的负担。1627年，陕西澄城饥民暴动，拉开明末民变的序幕。随后王自用、高迎祥、李自成、张献忠等农民首领相继起事，最后发展成雄踞陕西、河南的李自成与先后占领湖广、四川的张献忠的军队。

当时中国自然灾害也十分频繁，1639至1640年，浙江北部洪水成灾，1641年，干旱和蝗虫成灾。据目击者记述，这个地区在17世纪40年代饿死了很多人，到处是乞丐，最后发展到了因为饥饿而人相食的地步。在这个时期，类似的描述也见于中国东部和东南部的其他地区，在许多地区，紧接灾荒之后还出现了瘟疫。①这些灾难加剧了社会动乱，农民暴动此起彼伏，导致了明王朝军事和政治上的崩溃。1644年，李自成建国大顺，三月，李自成率军北伐攻陷大同、宣府、居庸关，最后攻克北京。崇祯皇帝在煤山自缢。死前，皇后以及几个妃子自缢，悲痛欲绝的崇祯帝以袖掩面手刃了亲生女儿，并说出了“你们为什么生在帝王家”这样悲伤欲绝的痛语。明朝作为统一国家的历史在风雨飘摇的悲声哀音中结束。

崇祯对木增有君臣相知之缘，比如崇祯十三年（1640），加封木增为四川左布政使职衔；崇祯十三年（1640）升为四川布政司左布政；崇祯十七年（1644），

① 〔美〕牟复礼、〔英〕崔瑞德编：《剑桥中国明代史（1368~1644）》上卷，中国社会科学出版社，1992年，第392页。

崇祯皇帝还封木增为太仆寺正卿，是正三品官。悲剧的崇祯皇帝与木增可以说有君臣知遇之恩，崇祯皇帝的惨死和明朝的亡国，必然给“明国忠臣”木增带来巨大的打击。

在崇祯自缢殉国两年后，即1646年，木增也溘然去世了。民间传说他是在玉龙雪山的仙迹崖骑一只红色的老虎遁世的，后文将详述这一民间传奇。可以想象得出，一生效忠明朝、倾力辅佐明廷的木增，听到崇祯自缢、北京陷落的消息后，肯定不会无动于衷，内心一定悲伤欲绝、痛不欲生。木增死得蹊跷，留下诸多其在玉龙雪山骑虎归去的民间传说，我也听到诸多这样的传说。如说他在解脱林隐居后，常常到雪山深处漫游，有一次他走入雪山深处，就再也没有回来。我还在田野调查中听到这样一则传说，相传木生白骑虎遁世时，留下一句话：“等到狮子露骨、象山无毛时，我再回来！”这给后世的纳西人留下了一个长久难解的谜团。每当玉龙雪山上的绿雪奇峰在阳光云霓的作用下闪烁出荧荧绿光时，人们就会说，这是成了雪山之神的木生白在高兴地笑的迹象。

老一辈纳西族女作家赵银棠先生也曾讲过关于木增归宿的一个故事。相传木增年少时，有个相术先生为他看相，说，你有贵人相，但是死后不能得到棺木。木增不愿意看到相术先生的话应验，所以在自己常住的地方准备好棺材。相传他所自备的棺材有100个。后来他在芝山解脱林隐居，常常走入雪山深处漫游。有一次，他去了雪山就没有再回来，人们说，木增已经变成神仙了。清朝雍正元年（1723）“改土归流”前，纳西族的习俗是火葬，所以准备100口棺材的事应该是虚构的民间传说。但从这个故事中可以看出，其结局与其他讲木增骑虎遁世成仙的传说是一致的，木增也许就是在国（明朝）破之际把自己寄情一生的玉龙雪山当作了自己生命的归宿。

此外，据《木氏宦谱》所记载的木氏土司第六世祖“阿烈阿甲”条中有这样的记载：

> 以上二十一代茔窠侔在玉龙山中，冬夏以俗祀之无缺，以后七代，加以庙祭之不辍。[①]

由此可知，木氏土司是把包括第六世祖阿烈阿甲在内的21代祖先火化后的遗骨存放在玉龙雪山中。这应该也是木增最终在玉龙雪山悄然遁世的原因，他要和祖先们的灵魂相聚在这座纳西族的神山上。

木增于（南）明隆武二年八月初一日[②]去世，享年59岁。木增在明王朝亡国后两年即离世，民间留下种种他骑虎成仙的传说，这是否是殉国的一种曲折反映呢？我们可以根据他与明王朝结下的“明国忠臣”情结和他的人生观、生死观来进行一些研究和推断。他应该是在目睹君王悲惨自尽、明朝山河破碎的沉重心情中怆然离世的。以他的明朝边地重臣的身份，要他再为另一个由当时认为是“化外蛮

① 《木氏宦谱》，云南省博物馆供稿，云南美术出版社，2001年，第13页。
② 南明隆武二年也即清顺治三年，即1646年。

夷”的“明国之敌”入主中原的政权服务，估计是不可能的。李自成军队打进北京，崇祯皇帝自缢之后，明朝臣子自尽殉国的人不少。那么，木增所谓“骑虎成仙而去”，是否即是从仙迹崖飞身跃崖殉国？还是依佛道之法遁世深山，服食日月之华而坐化山中？木增的离世传说，给后世留下了一个千古之谜。

## 探访木增的遁世之所

我在滇川藏地区多年浪迹山野乡镇进行田野调查，常常听乡野之人讲古论今，木增的故事是其中听得最多的故事之一。木增在玉龙雪山中悄然遁世346年之后的一天，我到玉龙雪山上去寻访相传是木增遁世的地方。

如上所述，纳西族木氏土司是中国西南历史上有盛名的土司世家，它历经元、明、清三朝，以明朝时最盛，与蒙化、元江并称为云南三大土府。《明史·云南土司传》中说：“云南诸土官，知诗书好礼守义，以丽江木氏为首云。”而其中最有名的又是第13代土司木增。

木增不仅在纳西族地区有深远的影响，在藏区也有很高的声誉。在滇川藏地区的藏族民众中，广泛流传着“纳西王斯纳劳登”（或“索南饶登”）的故事。在藏族地区，“斯纳劳登”一般被认为是纳西族土司木增（木生白）。从多种文献和民间传说中可以看出，“斯纳劳登”也是木增的藏名，由于他在藏区广建藏传佛教寺

1993年，与笔者一起去玉龙雪山仙迹崖考察的几个村民

庙，在藏区首印《大藏经》，大力推进生产的发展，他成为滇川藏地区家喻户晓的“木天王”，并逐渐成了民间传说中的“白狼国国王”。我们在下文中再详细讲这方面的内容。

木氏土司在丽江的发迹地是玉龙山下今丽江市玉龙县白沙镇，因此白沙镇有不少与纳西族木氏土司有关的名胜，如闻名遐迩的明代丽江壁画所在地大宝积宫、供奉纳西族民族保护神“三多”的北岳庙、木氏土司祖先在明朝之前的官邸所在地崖脚村、土司木增的修身养性之地解脱林等。多年来我在这一片区域进行调查，探寻木氏土司的故地，在村寨和寺观里拾得不少木氏土司的故事。

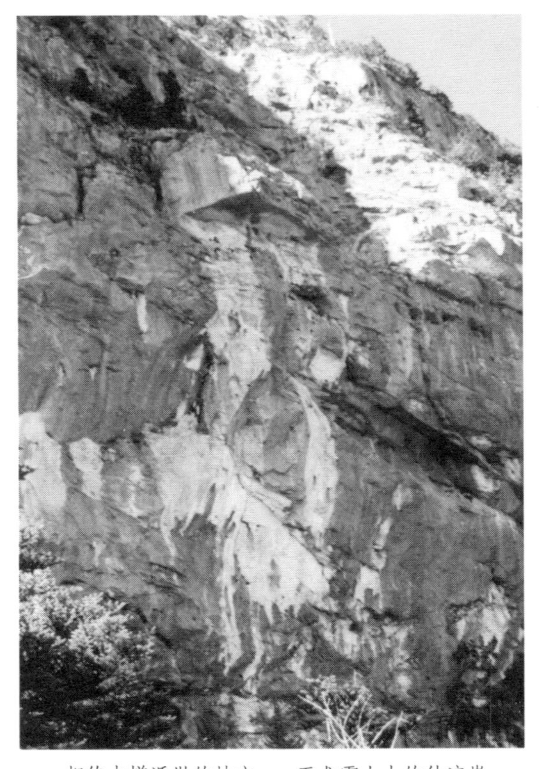

相传木增遁世的地方——玉龙雪山上的仙迹崖

1993年12月，我同玉湖村的村长阿长林等人到仙迹崖考察。仙迹崖从正面看位于玉龙雪山数峰中右面最矮的那座雪峰之下，从白沙玉湖村出发，走两个多小时的山路，便到达这个胜地。这个巨崖上面不远处就是著名的“雾路本更”（ngv lv bbee geel），意为“雪山之腰带”；左面山坡称为“世日补”（sheel riq bbuq），意思是“山神坡”。过去人们到此放牧打猎，都要先祭山神。

据玉湖村的老人讲，相传纳西族历史上最著名的明代土司木生白到中年时，即厌倦官场俗务和红尘纷扰，独自隐居雪山，到处漫游。天长日久，他与山中飞禽走兽相知甚深，能识众鸟兽之语。有一天，他和百兽千禽在这个巨崖下的草甸歌舞嬉戏，尽兴而欢。随后，他骑上一只红虎（或曰白马）腾跃过巨崖，遁入深山云雾中，从此不见踪影，崖壁上留下酷似一人骑虎的斑斑痕迹。相传木生白骑虎遁世时，留下一句话："等到狮子露骨、象山无毛时，我便回来！"这给后世的纳西人留下了一个长久的谜团。20世纪50年代初，有几个笃于爱情的年轻人来到这附近殉情，死前在悬崖上写下了这样的话："在马头生角、石头开花之时，我们再回来！"显然是模仿民间相传的木生白的故事做的。

我到仙迹崖时，传说是木生白骑虎越过巨崖的印迹尚清晰可辨。相传此处曾有一神秘云游僧人栖息，因此人们称此处为"和尚义古"，意为"和尚栖息之处"。此云游僧紧傍巨崖筑庐修行，现房舍的残垣断壁尚存。因此此处又被称为"达巴吉次丹"（意为"和尚建房之处"）。民间还有一种说法，认为这个在崖旁筑庐修行的人是明代著名诗僧担当和尚（唐泰），木增与唐泰相交甚笃。唐泰曾这样评价木增的诗作："入于山又能脱于山，而又不离乎山"，"犹冻雪之有声，清泉之有响，出之自然"。可说是木增的知音和挚友。乾隆年间的《丽江府志略》记载，木氏土司非常尊重唐泰，曾为他"结庐雪山西南以待，榜

相传木增为担当和尚（唐泰）修建的“冰豪”遗迹

曰‘冰豪’”。这个“和尚义古”应该就是这个“冰豪”遗迹。

我登上仙迹崖上面的白岩高处，见白岩上尚存有模糊可辨的一些梵文（或藏文），不知何意。在仙迹崖下面，几个经常栖息在高山“画都”（简易木棚）中放牧牛群的牧人告诉我，每天清晨，在岩下那一大片草甸上，有成群结伙翩然嬉戏的五彩雉鸡和白鹇鸟，相传它们是“雾路游翠郭”里的殉情精灵，每天清晨到这个纳西王曾率百兽千禽歌舞的胜地来散步嬉戏，太阳一出，便又隐匿到那人们看不到的爱情灵域中去了。岩下草甸上还有一奇：有一块约5米见方的草坪，四季常绿，而四周的草在冬季则枯死，因此，这块小草坪在冬季远远看去像一块绿玉嵌在其中。当地人称这块常青小草坪叫“衡”

仙迹崖上的白岩高处尚存模糊可辨的文字

（Her）。

我站在这个神秘的巨崖之下，力图深入地理解著名的“木天王”遁世传奇之谜。我首先记起明代不少著名文人对这位奇人的种种评价，如通议大夫、礼部侍郎蔡毅中说：木增“生则神气逼人，好洁净，少眠食，五六龄即通史书，读书一目十行俱下……”明代进士云南布政使司右参议冯时可所撰《木氏六公传》中写道：“增生而秀异，如琼林玉树，迥出风尘，世间浓艳华美一无所羡。”徐霞客（一说章吉甫）在为木增《山中逸趣》诗集所作的序中这样评价他的诗作：“拈题命韵，高旷孤闲，烟霞之色，扑入眉宇；读之，犹泠嚼梅花雨瓣也。”

云里如玉龙游动、变幻无穷的玉龙雪山

纳西土司的宫殿木府

他虽功勋卓著、荣衔等身，但性喜山水、飘然世外的性格和气质，使他又厌倦于俗务，在37岁那年就让位给儿子木懿，退隐于林泉，独自在玉龙山南麓的芝山别墅中修身养性，过起对山长啸、对月曼吟的林泉之士的生活。

木增就是在这样的时代怀着一腔壮志和报效国家的激情与夙愿，夙兴夜寐，披肝沥胆，一生有大作为大成就，但也难脱英雄末路、暮年悲歌、壮志难酬的悲剧命运，成为明朝边地的一个末世英雄，演绎了悲欣交集的一生。这位文武全才的纳西人，对滇川藏交界地区有过杰出的贡献，产生过重大的影响。

木增因奋发有为，忠于国家，为朝廷安危殚精竭虑，贡献财力兵力，官居高位，被朝廷封为四川和广西的布政使司左、右布政使。他文韬武略、才情纵横，叱咤风云于战场，吟诗著述在林间，即使退位隐居了，也心忧庙堂，系念民生。他与徐霞客等中原名士是生死之交，与藏传佛教噶举派的噶玛巴十世等高僧大德又是佛门同道。他是佛教的笃诚信仰者，既推进了佛教名山鸡足山等地汉传佛教的繁荣，也推进了康巴地区藏传佛教的发展，康巴地区很多藏族民众尊称他为“木天王”，建庙立像祭祀之。他推进了纳西族地区经济、贸易和文化的发展，促进了纳西族与汉族、藏族、白族等民族之间的经济文化交流，使各族人民安居乐业，也推进了丽江多元文化的长足发展。他的一生是个传奇。

当然，如笔者在上文中所提到的，木增的退隐和雪山

丽江木府衙署前有三道木牌坊，相传是朝廷敕赐建的。这是1999年重建的木牌坊，上面写有“天雨流芳”四字，这四个字纳西语的谐音是“去读书吧”，反映了明代木氏土司鼓励他们的子弟努力学习汉文化的风尚

避世，与明末风雨飘摇、岌岌可危的政局也密切相关。始终以“明国忠臣”自勉的木增，面临明王朝的覆灭和崇祯皇帝的自缢，不知他的心中有多少悲情涌动。他生命的最后结局也给后世留下一个千古之谜。

# 多才多艺，广采博纳的土司

《新纂云南通志》记载："（木）增善武略，且好文雅。"木增是个文武双全的儒将和雅士。他勤奋学习汉文化，才情并具，文采斐然，创作了大量的汉文诗词歌赋，与当时云南和中原最负盛名的名士交往密切。木增的诗集选入《云南丛书集部》及《古今图书集成》以及《四库全书》中。《明史·云南土司传》中说："云南诸土官，知诗书好礼守义，以丽江木氏为首云。"木增在他一生的个人学习与修身中，广采博纳，开阔了胸怀，同时也深受藏传佛教、汉传佛教、道教和儒家思想的影响。他的胸襟和见识也促成了明代纳西族地区多元文化兼包并容地繁荣发展。而他又深受道家、佛教超然思想的影响，37岁就辞官归隐山林，寄情山水，写下了很多歌咏山水田园的诗文。

## 木增的汉文学才情

木增是个心胸宽阔、眼光远大、才华横溢的雅士。

明代以来，汉文化对纳西族的影响非常大，它是促进纳西族经济文化发展的重大动力，同时，也是引发纳西族重大文化变迁的主要因素。

根据史书记载，丽江在明代曾有过教汉文的学校。《明史·云南土司传》云，永乐十六年（1418）检校庞文郁进言："丽江府及宝山、巨津（今巨甸等地）、通安（今丽江坝、拉市坝一带）、兰州四州，归化日久，请建学。从之。"

明代木氏土司重视汉文化的学习，并从中原请来一些汉学教师、医生、画师、开矿技术人才、建筑人才及其他工匠技艺人员，如明代文人蓟羽士、周月泉、徐霞客，担当和尚，画家马肖仙，名医杨辉等先后到丽江。由于木氏土司家庭对汉文化采取积极吸纳和学习的态度，使汉文化在丽江纳西族地区得到一定程度的传播，促进了丽江的文化、建筑、生产等各项事业的发展。王崧撰《道光云南志钞》中说：

> 元亡而明兴，铲崖谷林箐而城郭之，易椎髻镶耳而冠裳之。广设学校，慎选儒官。地虽汉夷杂处，一皆范以圣王之道，择其人之秀才者补诸

生，土司子弟争以入黉序为荣，而丽江木氏、姚州高氏尤乐与流寓之文士交游，所作诗词，颇传于世。当是时，思皇济济，誉髦峨峨，古昔獉狉之区，居然文明之域。（木）增延纳儒流，所著作为一时名士称赏。《明史》谓云南诸土官好礼守义，以丽江木氏为首，诚非虚美也。①

木氏家族在明代热衷于学习汉文化，聘请内地文人到丽江，为他们的子弟传授汉文化，建立了“玉嵩书院”和“万卷楼”。“楼中凡宋明各善本以数万卷，群书锓版亦能备其大要”（《新纂云南通志·地理考·古迹》）。由于木氏家族重视学习汉文化，出现了以木公、木增为代表的木氏汉文作家群。木公、木增与当时著名的汉族、白族文人徐霞客、张志淳、杨升庵、董其昌等交往甚密。当时谪贬云南的状元杨升庵曾将木公的诗选编为《雪山诗选》，并为之作序。

木增也是用汉文写作的高手，他在自己的著作中曾这样自述：

不才不揣谫陋，局于见闻，每于山居无事，触景写怀，偶成《云薖集》《山中逸趣》《竹林野韵》《啸月函空翠居录》以及《云薖淡墨》诸

① 王崧著，刘景毛点校，李春龙审定：《道光云南志钞》，云南省社会科学院文献研究所印，1995年，第299页。

集。业经请正于名公巨卿，有序有跋。然珥笔于人，书写三次，而写者之心与作者之心未必符合，点画之差，或字句之错，难免亥豕鲁鱼之讹，凡观览君子幸原谅而裁正之，是亦与人为善之一端也。[①]

赵联元《丽郡诗征》云：木增“有《云薖集》《啸月函》《山中逸趣》《芝山集》《空翠居录》《光碧楼选草》六种”。与木增自述稍有差异。[②]

《董其昌全集》中收有一篇《芝山集序》，可证明代书画大家董其昌为木增的《芝山集》写过序言，序中提到：“芝山集者，丽江世守生白木公之所著也……（木增）以忠勤报国，以止足禔躬。祖砚可思，书种方茂……”

徐霞客到丽江时，木增请他在汉学上指教他的儿子，以“窥中原文脉”（《徐霞客游记·滇游日记》）。徐霞客称赞木氏土司云：“世著风雅，交满天下，征文者，投诗者，购书者，以神交定盟者，嘤鸣相和，声气往来，共中原之旗鼓。”明末清初著名文学家钱谦益说：“嘉万之间，酉阳水西诸土官靡不户诵诗书，人怀铅椠（指读书、文章和典籍）。而恕卿（即木公）实为

① 《云薖淡墨》卷首，四库全书存目丛书编纂委员会编：《四库全书存目丛书·子部》（145 册），齐鲁书社出版社，1995 年，第 145~267 页。

② 余海波、余嘉华：《木氏土司与丽江》，云南民族出版社，2002 年，第 236~237 页。

之前茅。”“非汉代白狼槃木之可比也”[①]（《新纂云南通志·艺文考》）。

乾隆《丽江府志略·艺文》称：“有明一代，世守十余辈，惟雪山（木公）振始音于前，生白（木增）绍家风于后。”木公的诗选入沈德潜《明诗别裁》中（《新纂云南通志·艺文考》）；木公、木增等人的诗集选入了《云南丛书集部》及《古今图书集成》等书中；木增所著的《云薖淡墨》六卷还收入了清代所编的《四库全书》中。这里说“惟雪山（木公）振始音于前，生白（木增）绍家风于后”，《明史·云南土司传》中说：“云南诸土官，知诗书好礼守义，以丽江木氏为首云。”龚荫在《明史·云南土司传笺注》中认为，这是赞许土知府木增的。《道光云南志钞》记载：“（木）增延纳儒流，所著为一时名士称赞。”《新纂云南通志》记载：“（木）增善武略，且好文雅。”[②]

上述史籍记载，反映了木公与木增在木氏土司汉文造诣和创作方面的重要地位。

木氏土司努力学习汉文化，他们中的一些人成为杰出的用汉文写作的诗人和散文家，比较突出的有木公、木增等。木公（1494~1553），字恕卿，号雪山，又号万

① 汉代在今四川的巴塘、理塘一带有白狼部落，部落酋长曾作《白狼王歌》献给汉朝皇帝，方国瑜先生考证《白狼王歌》为纳西语，学界多认为白狼部落是纳西先民。

② 龚荫：《明史云南土司传笺注》，云南民族出版社，1988，第125~126页。

松、六雪主人，承袭丽江府土知府，授中宪大夫。其诗作有《雪山始音》（1523年，30岁时刊刻）、《庚子稿》（1543年，50岁时刊刻）、《万松吟》（1543年，50岁时刊刻）、《玉湖游录》（1545年，52岁时刊刻）、《仙楼琼华》（1546年，53岁时刊刻）。木公与贬黜到云南的明代状元杨升庵是往来唱和的诗友。木公流传下来的佳作不少，如《晓行白浪沧》：

岸响江流急，凌寒淅淅风。断猿哀晓月，穷雁泪秋空。渔隐芦花白，樵归柿叶红。马蹄霜径冷，去去远林通。

《登望湖楼》：

山郭雨初收，湖光迥入楼。日残渔集岸，天冷雁横秋。树响惊愁思，村舂急暮飕。孤吟忆王粲，望断碧云浮。

1549年木公56岁时，杨升庵从上述6种诗集800余首诗中精选出114首，题为《雪山诗选》，并为之作序，集中保留了杨升庵、李元阳、张含等人的评点，对木公的诗作给予很高的评价。

而木增，也是史传“木氏六公”中杰出的用汉文写作的诗人和学者之一。

张邦纪写的《木生白〈芝山云薖集〉序》中这样评论木增：

> 生白木君，世享爵土，身都牧伯（对州郡官员的尊称），抚字一方而令绪光昭；屏翰王家而天子褒功。其德业声施，已雪山并耸，丽水同深矣。然其志趣高旷，神情卓越，簪组不以为荣而标格特立；外物不以滑和而葆真为乐（不以外物扰乱平静的内心）。于是，壮岁悬车，谢却世纷，一意高尚，日涉芝山。天机发籁，溢为咏歌；触处成韵，积时累帙。揆厥大指：总为率其性真，以孤行高志，令人披册即有天际真人之想。是木君无心之篇什，悉自露其旷达之品格；而人可缘诗以为券者也（以诗识人之意）。……木君超然尘外，又不耽入虚无，诸累解脱，古其志趣自远，品格自卓。而发之为诗也，婉而切，和以平，清新而逸致，澹宕而精深，言之见理，可久可传。虽百世之下，诵其遗篇，必谓中原七子后，更有生白君振正音于南服也。[①]

木增在37岁时（1624）连上五疏，请求致仕，隐居芝山解脱林，“纵情山水，每一登眺，有会心处辄成

① 李世宗校注，政协丽江纳西族自治县委员会编印：《历代丽江文选》2002年，第34~35页。

短什”，陆续创作刊印了《芝山云薖集》《山中逸趣》《竹林野韵》《啸月函空翠居录》等作品，有诗、有赋、有词，以诗为主。此外尚有《隐居十记》等散文。今存诗约500首，赋、文20余篇（存目的诗词373首未计）。在这些作品中，木增自号丽水解脱道人、花马水月道人、水月痴人、雪峰等，由号亦可知其思想志趣。[①]

木增曾作《芝山居》：

我爱芝山景最佳，屡经甲子不思家。
此中饮食殊人世，辟谷常吞日月华。

又有一首《采芝曲》：

采药南山曲，云霞染我衣。
呼童收拾净，带得紫芝归。

再看他的《山居自纪》数首：

一

采药寻真意自欣，一重溪水一重云。
山深窈窕人难到，忽有鸣禽空谷间。

① 余嘉华：《古滇文化思辨录》，云南教育出版社，1997年，第141~142页。

二

雪窦冰岩构草堂，幽栖绝俗但焚香。
宿鸟不鸣禅榻静，逍遥身在白云乡。

三

携筇徐步试登山，野鹤孤云任往还。
眼底岩花香冉冉，洞边流水碧潺潺。

木增曾著有《空翠居集》，其中很多是咏唱玉龙雪山的诗作，共有《松林》《松楼》《松声》《松雪》《松月》《松风》《松雨》《松云》《松泉》《松涛》《松寿》等40首，歌咏松树，寄寓了作者喜欢苍松翠柏的高风亮节、以松明志的一种情怀和心性，不同凡响。这里选其中的4首，略窥作者的心怀和文采。

**雪松**

雪岭无它树，千寻夹岩松。
古根盘百亩，劲质秀三冬。
清樾连成幄，霜皮缀做龙。
笑他桃与李，空自媚芳容。

**松寿**

铁杆老苍额，清清覆昼檐。
根连岩畔石，影近月中蟾。
百尺长难竟，千秋岁可占。

昂霄依峭壁，秀色入疏帘。

**松泉**

雪岳怀佳景，松泉迸玉流。
葱葱森古木，落落溅飞珠。
万壑雨初歇，群峰响未休。
耳根如洗瀹，试问远尘不？

**对松**

灵根移得自徂徕，株树苍苍绕砌台。
劲节任经霜雪候，高标尽是栋梁才。
千年虬干垂如盖，万壑风涛吼似雷。
乔木世臣今忝窃，擎天捧日愧驽骀。

寄情山水，吟松以明志，可看出作者心里的山水清气和对高风亮节的向往。

我们再看几首木增写山居情致的诗：

**山趣吟**

我爱山幽逸，清泉绕涧流。
鸣禅声断续，栖鸟韵嘤呦。
螺 云连麓，鳌峰月上头。
想应名利客，输我一千筹。

### 山居

半亩山房苍霭浮，万松深处小壶丘。
门前问径交三友，坐里餐霞傲五侯。
鹿豕相随忘我相，樵耕结饮与天游。
逍遥园峤乾坤老，何事奔波逐马牛。

### 水竹居清兴

雨浥千山翠，涛寒万壑松。
篝灯翻贝叶，隐隐落疏钟。

### 水竹居清兴

诗夺梅花骨，歌传白雪心。
静中真觉意，猿梦夜相亲。

### 夜宿斗庵

夜宿岩前寺，身栖云上层。
松窗留晓日，闻语识高僧。

木增还有一些“乐水篇”，我们选几首看看。

### 秋水（乐水篇）

万卷浑如邺架藏，青黎小阁满芸香。
会心何妨多探讨，独爱玄同契老庄。

### 雪洞吟，行吟山水

生平酷爱住山水，水曲山隈每坐吟。
吟到山穷水近处，清音还许付瑶琴。

### 适松鹤禽

适意松间鹤唳空，昂藏仙骨欲凌风。
千虬影里明孤雪，万绿丛中缀片红。
素羽每过窥玉笈，清音常自伴焦桐。
冲天不是无修翮，为伴林间一醉翁。[①]

### 山居六言

纵目山谷烟云，时来清风自扫。
忘情忘物忘山，不贪不嗔不老。

### 采药南山

采药南山曲，烟雨染我衣。
呼童收拾尽，带的紫芝归。

### 山居野意

山静鸟音雅，心闲思虚止。
忘怀天地间，盘膝深松时。[②]

---

① 李世宗著：《读诗随笔——丽江诗选读》，云南民族出版社，2010年，第67页。

② 上述这几首诗转引自木光编著《木府风云录》，云南民族出版社，2006年，第118~121页。

从这些清新淡雅的记述和诗作中，可以看出木增性情中超凡脱俗、飘逸有林下风，性喜山水、陶然山林的一面。木增具有杰出的文韬武略，多年征战，业绩辉煌；然而他又笃信佛教，乐善好施，多次在省内外捐资建桥修路。他一生又钟情于汉文化，在府署旁建盖了著名的“万卷楼”，集诸子百家之书于楼中。木增既寄情山水写诗作赋表达旷达超然的人生情怀，又博览群书汲取儒释道各家精华，写出《云薖淡墨》这样内容厚重的读书笔记。

木增在他一生的个人修炼学习中，受到了藏传佛教、汉传佛教、道教和儒家思想的影响。除了信仰藏传佛教和汉传佛教，他也信仰道教，作《释庄义》一书便是明证之一。他对道家清静无为、乐山乐水、引导行气、服食摄生等道教修身养性之道身体力行地实践。他在壮年辞官隐居后，自号道人。①

从木增所作的《十隐词》二首中，我们也可以感受到他的一些性情和心态。

其一曰：

清樾千章，就此沫茅架屋。半楮床，半楮书楱，一囊琴、画图万轴。有客来时，便煮葫芦苜宿。凉生袍服，影摇棋局，最可人翠涛满目。

① 余嘉华：《古滇文化思辨录》，云南教育出版社，1997年，第144页。

其二曰：

迤里芝林，峻似孤雪云两角。最高寒处，斜通雪岳。槛前筠，森森玉槊。鹤梦初酣，那管山僧剥啄。寥寥数堉，蘧蘧一觉。胜人寰，喧嚣龌龊。

从他的诗作中，可以明显看出他飘然于林泉，寄情于山水的情志和厌倦憎恶世俗恶浊的心态，可知民间关于他厌倦红尘，最后在玉龙雪山上避世成仙的传说是有根据的。这一点，我们从本书第三章所举的木增吟咏于鸡足山的一些诗作中也可品味出来。

木增一生用汉文创作了很多诗歌，其中有不少是歌咏家乡的山水，比如《登文笔峰》：

玉岳千层插碧霄，笔锋高峙共迢遥。
锋如玉笋霜毫锐，砚是银湖墨浪潮。
独立风尘随品藻，凭虚星斗贯参寥。
巨灵欲为开文献，著作崇光亘代标。

文笔山是一个远近闻名的佛教圣地，坐落在丽江坝子西南面，离城八公里，过去，汉语又称之为“珊碧外龙山”，山上的文峰寺是丽江市古城区和玉龙县境内藏传佛教噶玛噶举派七大寺之一。从木增的这首诗中可知，文笔山这个汉名在他生活的明代就已经有了。

文峰寺所在的文笔山远眺

据藏学专家郎达老人讲，文笔峰在藏语中又称为“姜鲁木补”，意为“姜人的紫色山”，因此有“紫峰山”之意。北京雍和宫的僧人对这座山也很熟悉。八世噶玛巴和九世四宝法王都说这是“金刚亥母”修行之地。

关于丽江古城的汉语“大研”一词，民间相传是因古城所在的台地因形似一块大砚台，城西南又有神圣的文笔山（纳西语叫“牟波举”），木增便取其巨笔大砚、文脉旺盛、地灵人杰之吉祥寓意而名曰“大砚”，古音“砚”“研”相通，因此后来就写成了“大研”。《元一统志》中，有地名曰“叶场邑”，可能即今大研镇范围。[①]另外的一种观点认为，“大研”的名字是来自“大尤”，“尤”是古代纳西族四个氏族之一，木氏土司祖先即属于尤

① 〔元〕孛蓝肹等撰，赵万里校辑：《元一统志》（下），中华书局，1966年，第556页，详见杨福泉《大研：云南的世界名城》，云南美术出版社，2006年，第7页。

大研古城

氏族，很早就开始管辖包括大研在内的这片区域。

木增歌咏故乡山水的诗作还有不少，创作有《雪岳赋》，还有一些写玉龙雪山的诗篇，其中一首《玉山瀑布》这样写道：

天上银河落玉峰，穿云喷雪吼蛟龙。
千条练曳千山界，万丈虹拖万壑封。
策杖仰观舒素抱，披襟坐对洗尘悰。
不辞百折终朝海，泛斗乘槎我欲从。

木增还写有《雪岳赋》，文章用华词丽句，备极赞美玉龙雪山，并提到了玉龙雪山的“灵异”，其中曰：“第其孤高莹洁，灵异如斯，不获与海内名山并提而论，览胜者无不扼腕，故感而赋之。”

从玉龙雪山牦牛坪看到的三座雪峰，“西方纳西学之父”洛克（J.F.Rock）曾以他尊崇的三个木氏土司来命名这三座雪峰：木公峰、木高峰、木增峰

木增还写有《玉山洞记》，赞美玉龙雪山“巍巍玉岳，结象于虚无……四维磅礴，允矣万山之宗；百璋嶙峋，卓哉三天之柱”。还描写了他在玉龙雪山的古洞中“危坐其中，或箕踞鼓琴，或跏趺敛息；万缘顿寂，一真自如”的感受。

木增的《散发芝林记》表达了他“束发归廊庙，散发归山阿”，“爱月则蒲团落座，看云则竹杖行穿”的芝山隐居之趣。而在《一醉市廛记》中，则表现了作者虽然隐居芝山，但他“结盟于泉石间，偶托足于市廛”，“杳弗闻车马之喧，忽游神杯杓之想”，沽酒醉饮的市井之乐，反映了作者既喜山林之乐，又爱市井平民之乐的性情。

内地的学者读木增的诗集，也深感木增之诗清新活泼，又赋哲理，韵味隽永。如《煮茶》诗云：“陆羽、卢仝独爱茶，龙团雀舌自灵芽。数瓯顿觉枯肠漱，灌尽尘缘伦太霞。”《拟寒山诗》之二云：“无端名与利，陷尽世间人。只管进前步，谁思退后身。镇日狗虚假，无时契本真。从来豪杰士，都为一聚尘。”其三云：“道与货孰重，名与身孰亲。悟得此中意，方为出世人。金玉堆山岳，罪衍随识神。我此苦心言，君听勿发慎。”又《牛背斜阳》诗云：“彩霞谷口色苍苍，僵仰骑牛带斜阳。斗笠蓑衣情坦荡，短箫横笛韵悠扬。小篮有物填芝菌，新犊无知践稻粱。昏夜归来恒醉饱，惟斯真乐在山庄。”又《题鸡山悉檀》诗之一云：“千年胜气结灵湫，梵宇今开景最幽。笑语只应天上听，江山俱自望中收。松涛带雨龙吟水，地籁生风虎啸丘。少室五台良不异，烟霞常见宝珠浮。”《罗汉壁》诗云：“步历千盘到上头，烟霞云气袭衣裘。泉通仄径清如洗，松满悬崖翠欲流。何代芬茜当此息，斯时罗汉尚名留。”①

最终，木增栖居在玉龙雪山西面山麓解脱林，一生归依雪山，而且留下了颇有些神秘色彩的“仙迹崖骑虎归去”的民间传说。

木增的《芝山云薖集》封面及序仅称《云薖集》，而目录则称《芝山云薖集》，署“丽水解脱道人木增生白父著，华亭董其昌玄宰父改阅批点，昆陵周延儒挹斋父、燕山张邦纪瑞石父参订，昆明傅宗龙括苍父校正。男（儿子）参、乔、宿同刊”。

① 郑伟章：《毛晋代丽江木增刻书略述》，载《文献季刊》2009年第4期。

明清改朝换代之际，清朝实行严厉的禁书政策，其实质是在文化领域内开展思想大清洗。明朝时期众多的书被禁。清代文字狱达到顶峰是借由编修《四库全书》开始的，乾隆下令全国征集图书以便汇编成册，在征集的过程中查抄禁书。《芝山云薖集》这本书也被清廷列入禁书之列。余嘉华、余海波在《明代纳西族文化的奇葩——丽江木氏土司著作》一文中提到，《芝山云薖集》一书成为清代官方的禁书，在乾隆年间编《四库全书》时，此书被云贵总督李侍尧列入奏缴的首批25种图书中，排在第11位。原因可能是其中有《元日纪上诗·一百一十韵》《喜闻辽捷佟养真等逆俘献阙庭》等“忠明反清”的“违碍”之语。今刻本仅见卷一，另有抄本保存了卷二的大部分，存诗120首。不知何日可以寻到《芝山云薖集》全本。[①]

木增撰有5种诗文集，都已经刻印，但因为其中涉及明末政事较多，在雍正和乾隆时期有的被列为禁书，现保存完整者只有诗集《山中逸趣》和徐霞客帮助整理的《云薖淡墨》，其余都是残本和抄本。[②]

木氏土司家的藏书在历次战乱中多有损毁丧失，散落在各地，迄今尚缺乏系统的调研和整理。方国瑜先生曾说：“闻故老言：木氏字木公至木增所作诗文集十余种，及其他撰述，先后寄至常熟汲古阁毛晋家，精刻版

① 余海波、余嘉华：《明代纳西族文化的奇葩——丽江木氏土司著作》，《古籍整理研究学刊》2002年第1期。

② 余嘉华：《姚安高氏与丽江木氏土司关系初探》，载木仕华主编《纳西学研究新视野》，中央民族大学出版社，2014年，第198页。

片，运归藏于万卷楼。咸、同兵燹，楼毁，图籍与版片荡然无存，故木氏刻书，流传至今者少也。”①

1956年，学者黄裳在云南省图书馆看到了从丽江木家收集来的11种木氏著作雕版本，非常激动，给予很高评价：“不只因为这是我在云南看到过的最旧的雕版书，还为它雕印之精美而惊叹。同时也感到这是边疆与中原兄弟民族之间文化往来融合的实证，是重要的文献资料，远远超过了它本身的文学价值。”

作者在文中介绍这些珍贵的雕版本：

这些书是：《雪山诗选》上、中、下三卷，嘉靖写刻本。前有杨慎序，后有杨慎跋。序跋于嘉靖己酉。共分《雪山始音》《隐园春兴》《庚子稿》《万松吟卷》《玉湖游录》《仙楼琼华》等六个部分，八行，十六字。这是一种用黄粗皮纸印成的最初版本。《云南丛书》所收的《雪山诗选》应该就是根据此本。卷前有赵藩的印记，估计是较早从丽江木家流散出来的。

《万松吟卷》，中宪大夫木公撰，嘉靖刻，九行十五字。有嘉靖癸卯杨慎序，后有同年自跋。刻印精美与前书同，也有赵藩印。

《玉湖游录》，丽江木公恕卿著。嘉靖刻，

① 方国瑜：《云南史料目录概说》第一册，中华书局，1984年，第477页。

八行十五字，有贾文元嘉靖乙巳序，张含序，后有自跋。太和李元阳批点。雕印同前。

《仙楼琼华》，丽江木公著，嘉靖刻，八行十五字，杨慎序。

《雪山始音》上、下卷，丽江木公恕卿著。张志淳序（嘉靖二年），嘉靖元年自序，后有嘉靖六年自跋。书前有“隐园兴班”两页，刻工古朴，文字在似可解似不可解之间，后面还有“子张子译而毕之……”的话，看来似乎原本用的是本民族的文字，是纳西族还是白族或别的什么文字，就不知道了。

《庚子稿》，丽江木公著，嘉靖刻，八行十五字。李元阳序，张含志，大字刻写。

《万松吟卷》，中宪大夫木公撰。万历以后宋体字重刻本。八行十五字。

《芝山云薖集》四卷，“丽江解脱林人木增生白著”。崇祯刻，八行十八字。周廷儒序（天启癸亥），张邦纪序，傅宗龙序。几篇序文的作者署名之前都列有长得吓人的全部官衔，卷前在作者之后写着“华亭董其昌玄宰父改阅批点；昆陵周延儒挹斋父、燕山张邦纪瑞石父参订；昆明傅宗龙括父校正”。

《云薖淡墨》，存卷三至六，木增辑。崇祯刻，八行字。这是一个残本。书前还留下了题记，“书得丽江木家，不全。存三、四、五、六四本。似明末清初版。不忍留在乱纸堆中，故亦检出。祝又祥。十一月十三日（章）”。

黄裳记曰：“这就是我在翠湖图书馆中看到的全部木氏家集，共十一种。这最后一种是类似读书笔记之类的东西，卷三是记花草的。所引书有丘文庄《群书抄方》《养生决录》《云仙杂记》等，也抄了许多史传中因果报应的故事。卷六则是《释庄义》，是高头讲章式的读本，水平不高，但可以看出木家受到汉族文士的影响之深，他的府第里也应该有一个相当丰富的藏书楼，如果保留到今天，将是不下于天一阁的一座藏书楼。”①

## 木增的《云薖淡墨》

木增在他的仕宦生涯和与汉藏官员、文人、高僧等的长期交往中，接受了多元文化的影响，除了本土东巴文化对他的影响之外，儒家思想、汉文学、汉传佛教、藏传佛教和道教都对他产生了影响。

《云薖淡墨》是木增所辑录的一部类书（我国古代一种大型的资料性书籍。辑录各种书中的材料，按门类、字韵等编排以备查检），共八卷，刊刻于明崇祯十二

① 黄裳：《西方访书记》，载《读书》1981 年第 11 期。

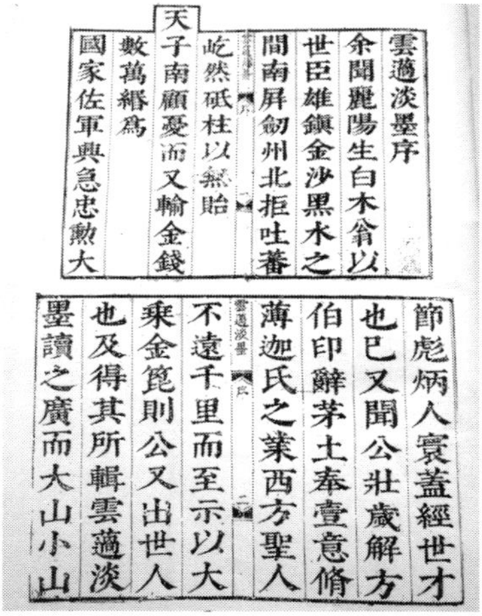

雲薖淡墨序
余聞麗陽生白木翁以
世臣雄鎮金沙黑水之
間南屏劒州北拒吐蕃
屹然砥柱以緜貽
天子南顧憂而又輸金錢
數萬緡爲
國家佐軍興急忠勲大
節彪炳人寰蓋經世才
也已又聞公壯歲解方
伯印辭茅土奉壹意脩
薄迦氏之業西方聖人
不遠千里而至示以大
乘金篦則公又出世人
也及得其所輯雲薖淡
墨讀之廣而大山小山

木增读书笔记《云薖淡墨》，这是经筵讲官杨汝成写的序言

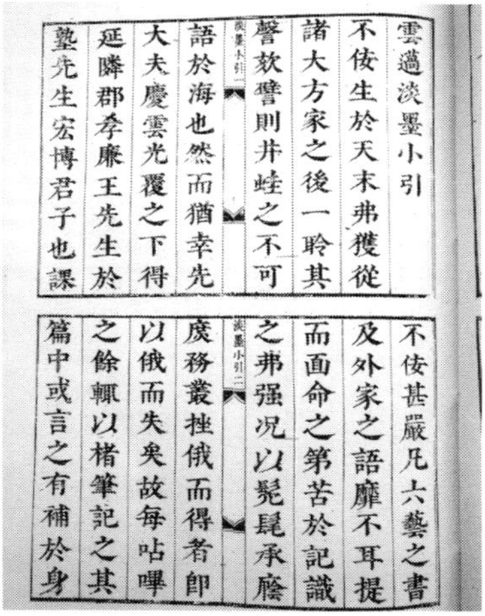

雲薖淡墨小引
不佞生於天末弗獲從
諸大方家之後一聆其
謦欬聾則井蛙之不可
語於海也然而猶幸先
大夫慶雲光覆之下得
延隣郡孝廉王先生於
塾先生宏博君子也課
不佞甚嚴凡六藝之書
及外家之語靡不耳提
而面命之第苦於記識
之弗强况以髫髦承膝
庶務叢挫俄而得者即
以俄而失矣故每呫嗶
之餘輒以楮筆記之其
篇中或言之有補於身

《云薖淡墨》小引，落款为“滇西华马水月道人木增长卿甫书于撄宁楼”

年（1639）。也可说是一本读书笔记，旁征博引，征引图书达300多种。徐霞客在丽江曾为此书做过分门标类和校雠修订。该书刊印后流传一时，至清乾隆纪昀主修《四库全书》时，在《钦定四库全书总目》卷一三二收录了该书的提要。明末清初，该书在滇地和江南颇有影响。

木增勤敏好学，博览汉学书籍，在学习中认为“广记不如淡墨”，边学习边做读书笔记，将书中“或言之有补于身心者，或言之有裨于事物者，抑或字音释义有籍于考证者”择而录之。遇有疑问，间有考释。日积月累，编成《云薖淡墨》初稿。

崇祯己卯二月初，徐霞客到丽江，木增请他分门标类，校正错讹。全书分为八卷，包括三教（儒释道）嘉言、读史札记、医学、天文、地理、诗韵等内容；其第六卷是《释庄义》，是木增对《庄子》一书部分篇章的考释。书前有杨汝成、闪仲俨、杨方盛、傅宗龙等名士的序，木增《云薖淡墨小引》《释庄义》前有赵士春、毛晋叙，书末有王御乾后跋。他们盛赞木增“处钟鸣鼎食之家”而不为声色狗马所动，“独沉酣竹素，渔猎典坟，此一段清明之气便超出痴憨富贵习俗远矣”。从此书“知公经世、出世之学，皆从读书中来”，其书“大有益于世”，“得是编如获波斯胡宝藏”，命从学者“人抄一部，以润枯肠”（杨汝成）。闪仲俨认为：“《淡墨》一编，极蟠际穷要渺，捃摭乎诸家子史以至艺苑精华、稗官琐说、昆虫草木之繁变，罔不旁搜详考，间出己意订正之，而三教嘉言……尤与世道人心绰有裨益，博闻详记，询可传矣。”傅宗龙认为：“读兹集一再过，更佩服公如圭如璧如金如锡，俱从学问中来，非独天资之迈也”，“盖公于古今载集无所不窥，撮万卷为八卷，如涉海者独采珊瑚，而葺裘者惟取腋下之白耳，置之案头可当记事珠，付之奚奴背上可称行秘书”，“其衣被后学，岂有量哉！”王御乾觉得“读是集，字字见公之心板，言言觇公之勤思”，生白能“咀英茹华”，“抽古今秘密之蕴，抉两间理道之精，括中庸日用之理，昭惠逆感应之缄”。无名氏收藏者题记云：“叶联芳注关谷人骈体《钱塘赋》曾引《云薖淡墨》。”认为“此亦名书也，不可亵视”。清代编《四库全书》时，据浙江吴玉墀家藏本为提要，收入该丛书子部。

上述这些评论从不同的角度道明了《云薖淡墨》一书的价值。由这本读书笔记也可看出木氏土司能传承四百多年而不衰，并非仅仅靠世袭权势，而是与他们励志勤学、博采众长分不开的。一方面，木氏土司坚持纳西族本土的信仰和文化，保持祭天祭地祭署等重大的本土民间宗教仪式。明代东巴教信仰普遍流行在纳西族聚居区，木氏土司家里一直有专职的祭天东巴。另一方面，木氏土司又下苦功夫认真钻研博大精深的汉文化和藏文化。木增的这本《云薖淡墨》就是他学习汉学、博览群书、认真做读书笔记的集大成之作。

木增在《云薖淡墨》一书的卷一中就开宗明义地列出儒释道“三教嘉言”，而“儒”则被列为首篇：

积善存仁必有荣华，后裔福禄善庆，多因积行而生，仁则荣，不仁则辱。一行有失，百行俱倾。祸莫大于从己之欲，恶莫大于言人之非。孝敬忠信为吉德，盗贼藏奸为凶德。诚者万善之本，伪者百祸之基。此心若正，无不是福，此心若邪，无不是祸。……亲亲之恩，莫重于孝，尊尊之义，莫大于忠。忠则顺天，孝则生福。……爱民者必有天报，居庙堂之高则忧其民，处江湖之远则忧其君。为政以知人为先，知人以清心寡欲为本。先知稼穑之艰难乃逸，成家之道曰俭与勤。知足则乐，务贪则忧。……忍则百恶消灭，谨则万祸不侵。仁亲以为贵，崇敬师傅，所以尊道重教也。天地之得，莫大于好生，万物之情，莫甚于爱生。

继“儒”之阐释后，《云薖淡墨》又记“释”的言论，文中写道：

恶恶相承，百世俱暗。一切恶莫作，当奉行诸善。万德种善，菩提资粮。痴愚烦恼，烧灭善根，堕在地狱。……为善生天为恶入渊。思量一切恶事则生恶行，思量一切善事则生善行。心中念善，福乐自随，思量恶事，化为地狱。思量善事，化为天堂。……生杀有因果，善恶有感应。好积诸德，慈愍众生，不害众生，是为梵行。

《云薖淡墨》还记录了“道”的嘉言，其中有这样的记录：

勿以曲为直，勿以直为曲。为善者善气生，为恶者恶气生。积善善种，积恶恶至。如影逐形，似响随声。功德满就，皆得飞仙。心术邪正，祸福随之。与人善言，暖如棉丝；伤人之语，利如荆棘。善言于心，终身为宝。但主心于一，亦可长生。求仙者要当以忠孝仁信为本。[①]

① 四库全书存目丛书编纂委员会编：《四库全书存目丛书·子部》（145册），齐鲁书社出版社，1995年，第287~298页。

在“道”的嘉言中，木增也记录了“元气”的一些内容，比如说到“清轻者上为天，浊重者下为地”，以及关于道家的一些天干地支等天象的认识，记有“二十八宿歌”，还有星象占卜、五道吉方、方位福地等。

第三卷卷末还收录了30篇关于“因果报应”的实例，如“彭生现行索命襄公”“中生现行责弟夷吾”等，以达警示自我、教育后人之目的。①

从此书看得出木增阅读很广，博闻强记，在广泛的阅读中深受儒释道思想的影响。

上海藏本《云薖淡墨》首页有木增自记，云：“不才不揣，谫陋局于见闻，每于山居无事，触景写怀，偶成《云薖集》《山中逸趣》《竹林野韵》《啸月函空》《翠君录》以及《云薖淡墨》诸集，业经请政于名公巨卿，有序有跋，然珥笔于人，书写三次，而写者之心与作者之心未必符合，或点画之差，或字句之错，难免亥豕鲁鱼之讹！几观览君子幸原谅而裁正之，是亦与人为善之一端。”②

## 木增与各地名士的交往

木增谦恭好学，不仅在藏区与高僧大德有很深的交

---

① 杨林军：《明代丽江土司木增遗作〈云薖淡墨〉述评》，《云南社会科学》2016年第2期。

② 四库全书存目丛书编纂委员会编：《四库全书存目丛书·子部》（145册），齐鲁书社出版社，1995年，第267页。

情，也喜结交内地的宿学名儒，虚心求教。除了下文将要专门讲到的徐霞客之外，他与钱谦益、董其昌、陈继儒等当时的著名文人都有交往。

钱谦益（1582~1664），字受之，号牧斋，晚号蒙叟，东涧老人，学者称虞山先生。清初诗坛的盟主之一。苏州府常熟县鹿苑奚浦（今张家港市塘桥镇鹿苑奚浦）人。明史说他“至启、祯时，准北宋之矩矱”。明万历三十八年（1610）中探花（一甲三名进士）。钱谦益是东林党的领袖之一，官至礼部侍郎，因与温体仁争权失败而被革职。明亡后，马士英、阮大铖在南京拥立福王，建立南明弘光政权，钱谦益依附之，为礼部尚书。后降清，为礼部侍郎。

钱谦益画像

笃信佛教的木增，曾捐资到苏州刻印佛典《华严忏仪》[1]。《华严忏仪》是唐一行著，原来藏在鸡足山，是珍贵的版本。木增请了钱谦益给这个新刻印的版本作序，并请著名高僧、苏州中峰禅院住持苍雪校核，精印后

① 《华严忏仪》全称《大方广佛华严经海印道场十重行愿常遍礼忏仪》，有的文中提为《华严忏法》。

赠送到江南各个寺院。钱谦益在序中写道：

> 木君世笃忠贞，保厘南服，济世润生，一本华严行门，先刻是经，演疏钞，翻印三藏，总持宣布，浩如烟海，今复流通忏文，与疏钞合论，且传震旦佛法，付嘱国王大臣，岂不信哉？是经不可思议，木君之尊信流通，其因果亦不可思议。

董其昌（1555~1636），字玄宰，号思白、香光居士，明代书画家。万历十七年（1589）进士，授翰林院编修，官至南京礼部尚书

我们在上文中提到，晚明名士董其昌为木增的《芝山集》写了序言。前引毛晋序文中还提及木增所著《芝山》一书，其全名为《芝山云薖集》二卷，是木增所撰的诗集。今国家图书馆仅存此书抄本两种，可能是根据汲古阁刻本所抄。其一种前面有董其昌在崇祯元年（1628）写的序、天启三年（1623）周延儒的序和张邦纪、傅宗龙写的序。崇祯十二年（1639），徐霞客来访时，曾为木增的第四子木启评改作文。此抄本显系据刻本所抄。另一种书前没有序言，而有苏州冯时可撰的《木氏六公传》和蔡毅中撰的《木生白忠孝记》。董其昌的序中说，木增“承雪山

之绪，而益恢弘之，以忠勤报国”。其诗“清新俊远，淡宕精深”，“触景生情，才高雕雅”。

据王启元先生研究，最初，木增与汉传佛教高僧的交游多限于滇中人物如唐泰（担当和尚）等。后来，木增始与苍雪及东南高僧文人结缘，明末僧人苍雪，以滇人入主苏州华山，名重一方。木增始与苍雪及东南文人结缘，肇始于一部久佚的佛经《华严忏仪》的刊刻。崇祯十二年（1639）己卯正月，徐霞客通过松江著名居士陈继儒及后来成为西南名僧的担当和尚（当时尚未出家，俗名唐泰，字大来）的引荐，初次面谒木增，两人一见如故。二月，木增请徐霞客为滇中佛教名山鸡足山修志。到庚辰年正月，徐霞客因旅途辛劳患了风湿病，行走不便，木增派精壮之士用轿子抬送徐霞客回乡。途中历156天，回到江苏江阴县马湾徐家故里，已是当年五月份。

王启元先生经过详细考证，认为木增派人此行兼有送《华严忏仪》赴刻之愿。苍雪有文记载木增刊印《华严忏仪》之事：

> 辛巳（1641）春，华山讲期中，滇南丽江木太守生白公遣使，以唐一行禅师所集《华严忏仪》见委校雠，刻行江南。识者咸谓两年间初得《教义章》，再得《贤者传》，三得《华严忏》次第出世，得非吾贤首宗之几断而复续，晦而复明之验欤？恭赋一诗纪之：

辛巳（当作庚辰）春，华山讲期中，滇南丽江木太守生白公遣使。

峰高难度雁飞回，江急晴空响若雷。
负找传身逾岭后，举烟招伴过桥来。
六朝遗稿人何在，万里缄书手自开。
行李瘴岚封湿尽，翻经台作晒经台。

苍雪作为出身于云南的僧人而活跃在东南，为东南西南的宗教士人牵线搭桥，推进了明朝晚期中国两地之间跨地域、跨民族信仰的交融与互通，尤为难得。徐霞客于戊寅年（1638）至晋宁访唐泰，一见如故。唐、徐二人或曾谈到这个远在吴中的云南高僧，唐泰具以告知苍雪，苍雪因此写了上面这首诗。今天来看，徐霞客西游滇黔，结缘苍雪、担当等佛教中人，继而与木增相会，校刻《华严忏仪》，法之妙缘，不可思议。而徐霞客最终未能看到经册的付梓而去世，缘起之人未能尽意，非常可惜！[①]

诗僧苍雪画像

明代出版家毛晋主持的汲古阁刻书声名远播。毛晋，名凤苞，字子晋（1599~1659），江苏常熟人。他家

① 王启元：《苍雪与木增交游因缘考》，载《中国典籍与文化》2012年第2期。

“有田数千亩、质库若干所”。30岁左右，为经营印书工场，把田地、质库“一时尽售去”，以为买书和刻印书籍的资本。其印书工场，规模相当庞大，印书工匠二十多人，刻字工匠数百人，其中负责校勘者多招聘海内名士。因此，毛晋开的汲古阁的名声“照耀宇宙内”。崇祯十三年（1640），木增在崇圣寺看到了唐代《华严经》密抄，这部经卷相传为唐代高僧一行（683~727）依经抄录的，中土未传，木增特发愿刊布。他知道毛晋汲古阁之名，于是派了一个把事具体办理，请悉檀寺法润禅师亲诣华山谒毛晋求刻印。这时（崇祯十三年四月八日）毛晋以“海印仪不远万里而至”而感动，遂欣然答应，督促刊印。《华严经》刻印成之日，又适逢释迦牟尼诞辰。法润禅师回归云南之日，常熟人士“满香献花者棋布于隐湖之干，或绘无事，或歌有韵”，可以说盛况空前。毛晋也赋《送法润禅师藏华严海印仪还南诏》（毛晋把丽江理解为南诏了，可能因为是鸡足山在大理宾川之故）诗云：

万里云山一杖通，莲华洞口拜香风。
依稀何处曾相识，莫是当年兜率宫。
千秋华藏閟南邦，丽水迢迢又大江。
落日片帆何处去，琴川高树蕊珠幢。
水村森森有苔矶，争向毫端现法微。
筑削纷纷无昼夜，能令大地尽皈依。
远携薰陆到茅斋，一缕氤氲出水涯。

珍重香云非近玩，薰炉不敢停裙钗。
贯华镌就瑞光开，恍惚龙神合掌来。
怪道野云飞不定，也依檐际几徘徊。
南北驰驱不厌频，河沙世界证天人。
原来一味同酣适，五十三身岂二身。
溯徊迢递吐蕃源，夹路红云护彩蟠。
记取风帆斜挂处，花明柳暗一柴门。
长江五月钠衣寒，料峭秋风歇马鞍。
乍启珠函欢海众，碧空无际雨漫漫。
春泉秋岭伴慈颜，短缆轻离绿水湾。
象驾未曾归丽水，臣游早已到苍山。[①]

毛晋少年就是诸生[②]，平时喜欢读书，他的老师便是有名的东林党人钱谦益，在文坛有盛誉数十年，故毛晋结交的人多是当时的名流。木增把自己的画卷托毛晋请当时的名流题诗，毛晋本人也题了三首。木增的画卷现在已不知流落何处，而毛晋的这三

出版家毛晋画像

① 张耀宗：《明代出版家毛晋与木增的一段交往》，载《云南民族大学学报》（哲学社会科学版）1988年第2期；黄李初《明代出版家毛晋与云南丽江木增的交往》，载《江苏图书馆学报》1999年第1期。

② 古代经考试录取而进入中央、府、州、县各级学校，包括太学学习的生员。生员有增生、附生、廪生、例生等，统称诸生。

首诗却留存在毛晋的《野外诗》集内。从这些诗中可以看到毛晋和木增的友情：

**题丽江木生白画卷三首**

**雪山**

丽水城西路，居然印度来。
空岩有马麦，绝壑少尘埃。
杖策终难到，吃轮去不回。
直疑通帝座，上界逼仙台。

**福国寺**

石蹬缘云上，岩花覆地开。
寺僧持钵去，游客过桥来。
上界云疑梦，前溪水似雪。
钟声林外远，杳杳出香台。

**皇恩院**

法界开禅院，何方似布金。
庄严华藏海，广大贝多林。
岭外桥通汉，村边树合阴。
僧伽放参去，黄鸟和清音。

木增在丽江想念毛晋，曾作《月夜怀宝月主人却寄》诗，以表想念之情，诗为：

良夜无尘玉镜悬，碧霄炯炯思悠悠。
烟生丽江水逾媚，春到吴山彩更鲜。
万里尺书看乍去，一宵轮挂喜同圆。
开尊花下怀偏畅，剧有清虚最可怜。

毛晋接到木增的诗后，即和其韵，其诗为：

万里良宵一镜悬，深情逸兴本同然。
掌凝玉露苍山碧，啸冷金风丽水鲜。
骚使传来梅近远，邮书题寄月亏圆。
杂华梵笈流人世，赢得瞿昙为悯怜。

据黄李初先生的研究，这个时期毛晋经营的刻书业达到高潮。在同行业中，汲古阁可以说是异军突起。毛晋为出版书籍创造了良好的条件，他在自己门口的墙壁上贴了一张广告："有以宋椠本至者，门内主人计页酬钱，每页出二百；有以旧抄本至者，每页出四十；有以时下善本至者，别家出一千，主人出一千二百。"于是，浙江一带的贩书商人，一船一船满载古籍，送到常熟东门外七星桥毛晋的家门口。当时常熟流行着一句谚语："三百六十行生意，不如鬻书于毛氏。"毛晋陆续买进的珍本书达八万四千册之多，以为日后他校勘书籍之用。他"夏不知暑，冬不知寒，昼不知出户，夜不知掩扉”地勤奋工作，因此，他刻印的书无论在数量上和质量上都超过与他同时代的出版家，“于是缥囊缃帙，毛氏之书走天下”。

可是在崇祯十四年（1641），常熟地方水灾，毛晋的刻书资金告竭，他不得不“亟弃负郭田三百亩以充之”。在这困难的时候，木增遣使寄书，“兼致金琥珀薰陆诸异品”赠送给毛晋，并向毛晋购买汲古阁所刻的书籍，“捆载越海而去”，后来毛晋的儿子毛褒在《先府君行实》中详细记载了丽江木增遣使前来购书，解救毛晋灾后困难之事。毛褒最后又说，“自来书行之远，乃为夷裔所慕，未有如此者也。”毛晋不仅为木增刻《华严忏仪》一书，而且还刊刻木增自著的《芝山云薖集》《云薖淡墨》等书，至今二书仍流传于世，雕版风格反映了当时苏州地区的刻风。

毛晋与木增的交往谱写了难得的友谊篇章，他们的交往，对促进当时江南和云南少数民族地区的文化交流起了重要的作用。[①]

与木增交往密切的还有一个传奇人物，就是我们在上文提到的唐泰，他后来出家，称为担当和尚。担当（1593~1673），云南晋宁人，原名唐泰，字大来。明永宁元年（1646）[②]到水目山出家为僧，号担当，以后长住鸡

① 黄李初：《明代出版家毛晋与云南丽江木增的交往》，载《江苏图书馆学报》1999 年第 1 期。

② 永宁（1646~1683）是南明皇帝朱由榔（1623~1662）的年号。

足山，亦往来于苍洱间，康熙十二年（1673）在大理感通寺圆寂。

担当和尚（唐泰）画像

唐泰与丽江木氏土司早有交往，他曾为木增的《山中逸趣》集写序，落款“崇祯丁丑十二月，此置于唐泰书于墨斋中”，可知为崇祯十年（1637）唐泰在晋宁家中所写。他游丽江时已署名担当。

木增与唐泰有一些诗作唱和，如《寄唐友大来二首》：

一

野叟山居万事宽，昼闲止息觉心安。
门无车马将迎少，惟有窥窗月一团。

二

老拙卜居恬淡处，梵音静坐复安眠。
林间岑寂谁为侣，松竹溪山在目前。

木增还曾写有一首《扇面寄唐大来》，从中反映了他与唐泰之间心灵的默契与友谊：

双眼非青非白，一场无毁无成。
木石皆成道侣，烟岚醉倒先生。

木与石，在纳西文化中是具有神秘象征意义的两种自然物，是很多神灵的代表物，纳西族称东巴图画象形文字为“斯究鲁究”，意思是“木与石的记录”或“木石上的痕记”。木增在这里可能是将汉文化与纳西族的木石文化融合起来，与唐泰产生了一种心灵上的默契和共鸣。

木增的《山中逸趣》《芝山云薖集》等诗集，都曾请担当批点和作序。木增土司府里的万卷楼珍藏有担当的

担当和尚的画作。翻拍自云南省博物馆编《云南省博物馆藏精品全集》，云南人民出版社，2008 年

担当和尚的书法。翻拍自云南省博物馆编《云南省博物馆藏精品全集》，云南人民出版社，2008 年

很多书画作品，木增还为担当在玉龙雪山西南麓修建了一座山庐，准备用作两人在山中隐居交流之用。乾隆《丽江府志略·人物传》中对担当有记载：

> 唐泰，字大来，晋宁人，少具异才，万历末年选贡，曾游董思白、陈眉公、李本宁之门。长于诗，所著有《翛园集》《橛庵草》，书画兼工，人争宝之。流寇人滇，祝发为僧，名普荷，号担当，爱丽山水清奇，来往无时，土官雅重之，结庐雪山西南以待，榜曰“冰豪”。每痛饮挥毫，题咏甚伙，其诗慷慨激昂，胸中有物，不可以僧目之。

## 木增与丽江杨氏家族

纳西族木氏土司在明代不因循守旧，在文化上不闭关自守，而是广泛吸收儒释道文化，使得汉文化在纳西族民间的影响逐渐扩大。尽管木氏土司对汉文化的接受采取的是独家垄断的政策，但由于他们广交中原名士，从内地引进文、医、教育、建筑、开矿、工艺制作等方面的汉族人才，引进汉文典籍，内地的各种文化逐渐向纳西族社会渗透。如明朝初年，湖南省常德府武陵县精通医术的杨辉游学行医至丽江。当时丽江缺医少药，有病请巫师禳解，听天由命，而且将针灸视为异端。杨辉历尽艰辛，在民间多方说服患者依症施治，他用家传针灸之法和秘方治疗疑难病症，并在当地采集中草药辅助治疗，屡有奇效，被木土司强留在丽江，“素号国手”。

在《杨氏家谱》上，有好几个当时的名流所撰写的序言，包括编修乾隆《丽江府志略》的学正万咸燕的手笔。木增的孙子木柕所写的《杨翁十世起缘记》中说：

> 杨氏始祖，讳辉，楚人也。由湘至滇，由滇至丽，七传，皆以医道为专务。……救济一郡生灵，指到春生。其后裔多致力于丽江的医疗和文化教育事业，明末曾有任过“世医头目”之职者，不独民间赖其疗治，而宰官亦往往钦羡之，所以……赠以“边塞华佗”匾额。

杨氏家族从明朝木氏盛期到清代，除致力于地方的医疗事业外，还开馆授业，在清代历举“孝廉方正”，被民众尊称为“忠义老师”，数百年来，对丽江汉学教育的发展做出了很大的贡献，被誉为“丽江文化的桥梁”（主要指其在丽江大力促进汉学教育和推行中医治病）。[①] 当地士绅民众曾在丽江大研古城大石桥边立碑纪念杨氏对丽江文化教育的贡献。

---

① 赵银棠：《纳西人与杨氏家族》，载《玉龙旧话》，云南人民出版社，1984 年；杨尔康：《明初杨氏在丽江医简略》，载丽江县政协文史资料委员会编《丽江文史资料》（三）。

明代，杨氏家族成为木氏土司所倚重的当地望族，不仅成为“世医头目”，而且还参政议政，成为木氏土司的左右手。由于杨氏家族医道精深，因此在远近又有“边塞华佗”的美誉。如在丽江最早的地方志乾隆《丽江府志略》中有这么一段记载：

> 杨成初，郡人，遇异人传授，精于岐黄。丽俗信巫，不事医药，见成初指应如神，全活甚众，医道始行焉。远近闻其名，延请无虚日，屡著奇验。巡道李兴祖，称为“边塞华佗”。今丽之业医者，皆其传也。①

这里所记的是杨氏家族十代孙杨成与杨初，该志书上误记为一人。对照《杨氏家谱》中的谱系记载，便可以看出“杨成初”实际上应该是“杨成”和“杨初”。

杨氏祖先在医学、汉学教育等方面对丽江的贡献有口皆碑。除了这些，这个家庭还有一些颇有天人之乐意蕴的传统，如与杨氏家族有姻亲关系的纳西族著名女作家赵银棠在世时曾对笔者讲过，杨氏家族长期以来有“春月，饲饥鸟于庭”的习惯，她的嫁给杨氏的曾祖母一直保持着这个习俗。《杨翁十世起源记》中记载，八世祖杨公“慈爱及物，不可枚举。每至冬春之间，飞鸟饥啼，公常

① 乾隆《丽江府志略》，丽江县县志办公室1991年铅印本。

饲食于阶前，百鸟咸集，乡人异之。”①

杨氏祖先在丽江定居后，很快便入乡随俗。相传木氏土司让一个木家的女子和杨辉成婚，之后数代与木氏土司家族联姻。同时，随从当时纳西木氏土司要求所有木氏之外的本土和外来人都要姓“和”的规定，改为“和”姓。直至1723年，清朝实施“改土归流”政策后才恢复本姓。这个杨氏家族中有为木氏土司的医官者，也有担任“文把事”（木氏土司府中有文武二把事，分别掌管文武之事）者。据杨氏家族中的老人讲，《徐霞客游记》中所记的“文武二把事”，其中文把事即杨氏祖先。赵银棠在《玉龙旧话》一书的《纳西人与杨氏家族》中也提到此事。

这个家族在木氏土司府中任职和协助土司处理事物的情况，也见于一些历史记载，而比较明确的是与木增相关的一些记载，如在木增的孙子木柆所写的《杨翁十世起源记》中记曰：

> 杨公（当时这些祖先都已用纳西名，因此在家谱中又称为“恩溥各”，纳西语的意思是“祖先各”，“公”即“各”的汉文译音。）为人秉性刚方，素履飘带，诸所谈论，坦真无隐。曾为掌印龙池长官，（与本府）同赴两京。钦奉诏赐

① 《杨氏家谱》手抄本，赵银棠：《纳西人与杨氏家族》，载《玉龙旧话》，云南人民出版社，1984年，第121页。

> 本府三品、忠义，共襄厥成，荣出望外，兼游四大名山，步履跋涉，一诚而往。家先祖生白（即木增）公旌奖酬劳，加恩格外，赐官大有仓，年支俸百石。凡遇汉朝事物，莫不随分尽职，竭忠以应之……公祥（杨公之子），壮年奉主出差南北两京，已历数回，又赍奉神宗御前，请佛大藏经六藏，来镇悉檀（指佛教圣地鸡足山上由纳西土司木增建盖的悉檀寺）、祝国二寺，功垂不朽……求文于元宰董仲伯（董其昌），承询巅末，公应对如流，深通义理，董公嘉悦。公之子讳成，自幼攻习诗书，兼行医业，救济一郡生灵，指到春生……

从上文看，杨氏家族的公祥曾经多次随木增到北京和南京，又去拜谒明神宗，得到皇帝赐予的大藏经，请回来供奉在鸡足山悉檀寺。又奉命去见董其昌求序言。能文善医，正应了丽江杨氏家族“医儒世家”的传统。杨氏家族的这个家风一直延续至今。

在杨氏家族和丽江纳西族中，广泛流传着杨祥协助“木天王”木增建成著名的木府大门“忠义坊”以及“万卷楼”等建筑的故事。[①]

木氏土司吸收汉文化的各种举措和结果，客观上促

① 杨福泉：《古王国的望族后裔》，云南人民出版社、云南大学出版社，2003 年。

洛克（J.F.Rock）在 20 世纪 30 年代拍摄的木府“忠义坊”

进了纳西族地区政治、经济、文化的发展，为以后汉文化在丽江的广泛传播奠定了一定的社会基础。明代纳西族的强盛和社会文化的繁荣，是与木氏土司兼收并蓄诸种文化的开放亲和政策分不开的。这种文化开放的态度和与国家认同的精神使纳西族在明代为国家的统一和西南边疆的安定，为滇西北和康巴地区汉传佛教、藏传佛教、道教文化等的繁荣做出了重大的贡献。很多历史学家认为，发展到木增时代，木氏土司在滇川藏的影响已经达到了顶峰，但也因为明末社会动乱逐渐增多，政局不稳，内忧外患加剧，木氏土司的辉煌也即将在木增这一代画上句号。

# 木增与佛教名山鸡足山

木增一生与两座山有奇缘，一座是玉龙雪山，这是纳西族的神山，是纳西族的保护神“三多”的化身和栖息之地，所以木增一生写下了不少歌咏玉龙雪山的诗篇；另一座山就是佛教神山鸡足山。这两座圣山与木增的缘分分别代表了木增的本土信仰和佛教信仰情怀。鸡足山和其所在地宾川县与纳西族有很深的历史渊源，所有来朝拜鸡足山的藏民，过去都必须先到丽江的文笔山去“借钥匙”，相传这样朝山方才有效。木增在鸡足山修建悉檀寺，广兴善事。由于他信仰汉传和藏传佛教，所以把藏传佛教的元素也引入了鸡足山，为促成鸡足山成为汉传佛教、藏传佛教和南传佛教因素并存之地做出了独特的贡献，这和他兼包并容提倡信仰和文化的多元是密不可分的。

## 祖先之地的悲欢

位于大理州宾川县的鸡足山是著名的佛教圣山，现在的鸡足山已经是国家AAAA级风景名胜区，是在南亚、东南亚有很高知名度的佛教圣地，又有“中国十大著名佛教名山之一”之说。鸡足山位于云贵高原滇西北宾川县境内西北隅，西与大理、洱源毗邻，北与鹤庆相连，因其山势顶耸西北，尾迤东南，前列三支，后伸一岭，形似鸡足而得名。鸡足山是东亚著名的佛教圣地，中国汉传佛教、藏传佛教和南传佛教的交汇地，被国务院列为全国44个风景名胜区之一。

唐代，鸡足山所在地宾川县是纳西先民、著名的南诏六诏之一越析诏的聚居之地。麽些（纳西）部落在公元7世纪中期进入今云南宾川一带，在宾川繁衍生息，日益变得强大起来，于是在公元652年后建立了越析诏。在唐代以前的汉文史籍中，没有麽些部落在宾川一带活动的记载。学术界认为，建立越析诏的麽些部落是从今四川盐源一带渡江南下的。方国瑜先生在《麽些民族考》中说：“麽些族地望于定筰，渡泸而南，聚居越析州故地，自立为诏。”也有可能越析诏的部分麽些人是从离宾川不远的丽江来的，赵心愚先生也提出了这一点。唐代，位于丽江的塔城是吐蕃统治滇西北和西洱河（洱海）流域的政治中心，越析诏也在其势力范围之内，所以纳西族在这一区域流动是完全可能的。

越析诏与蒙巂、蒙舍、邆赕等诏都是7世纪中叶起逐渐出现在云南洱海（即史书记载的西洱河）地区的地方民族政权，史称“六诏”。在相当长的一段时间内，越析诏兵强马壮，有名声远播的兵器铎鞘，削铁如泥，据说是陨铁所锻造的，威震四方。明代诸葛元声著《滇史略》在记越析诏时称：“越析诏，地最广，兵最强，素为南诏畏忌。”说明当时越析诏的力量是强大的，连当时强大的南诏也敬畏三分。越析诏控制的区域也很宽广，宾居一带只是越析诏统治势力的核心区域，其统治的领域北面应达金沙江边，也就是后来皮罗阁“隔泸城”等区域。[①]

那时的宾川是各路豪雄俊杰叱咤风云的地方，但后来因为一些政治的变故，越析诏逐渐衰落了。关于越析诏的记载，最早见于唐人樊绰所著《云南志》。《云南志》卷三《六诏》载：“越析，一诏也，亦谓之麽些诏。部落在宾居，旧越析州也。去囊葱山一日程。有豪族张寻求，白蛮也。开元中，通诏主波冲之妻，遂阴害波冲。剑南节度巡边至姚州，使召寻求笞杀之。遂移其诸部落，以地并于南诏。波冲兄子于赠提携家众出走，持天降铎鞘，东北渡泸，邑于龙怯河，方一百二十里，周回石岸，其地总谓之双舍。于赠使部落酋杨堕，居河之东北。后蒙归义隔泸城，临逼于赠，再战皆败。长男阁罗

① 赵心愚：《唐蕃在洱海地区的争夺与越析诏的兴亡》，载《西南民族大学学报》（人文社科版）2006年第12期。

凤自请将兵，乃击破杨堕，于赠投沪水死。数日始获其尸，并得铎稍。”

从《南诏德化碑》“越析诏余孽于赠，持铎稍骗沪河，结彼凶渠，扰我边鄙，飞书遣将，皆辄拒违”的记载，以及碑文中阁罗凤出征获胜，“解君父之忧，静边隅之祲”的用语来看，南诏当时确实视越析诏残余势力为强敌，这也在一定程度上证明了波冲在世时的越析诏势力应比较强，是洱海以东地区引起各方重视的一大地方力量。

公元7世纪，正是盛唐时期，崛起于青藏高原的吐蕃势力开始向中国西南扩张，于唐调露二年（680），吞并了西洱河各个部族，史载，“浪穹州蛮酋傍时昔等二十五部先附吐蕃”。吐蕃势力也进入了当时麽些人居住的领域，公元680年，吐蕃在今丽江塔城设神川都督府。吐蕃所设的神川都督府，即以丽江塔城金沙江上的铁桥而得名。麽些所聚居的大部分区域基本上在神川都督府的辖区内。那时，在麽些人居住地区称为城的就有铁桥西城，就是现在的丽江塔城、铁桥东城和三赕（在今丽江坝）、昆明城（今四川盐源）、台登城（今四川冕宁）等。唐代将流经这一区域的金沙江称为麽些江，说明当时麽些人在金沙江流域分布的盛况和影响。唐代，麽些人所分布的地区处在唐、南诏和吐蕃三个政权之间，有铁桥之险和盐铁之利，成为这三大力量的逐鹿中心。麽些部落在动荡多变的政治环境中，与各方有较多的经济文化交流和矛盾纷争。

为加强在洱海地区的争夺，吐蕃赞普都松芒布杰

（676~704年在位）时期，吐蕃在今丽江巨甸北金沙江上架起神川铁桥，并调集军队长期驻守，置神川都督府以统一指挥在滇西北及洱海地区的军事行动。麽些地区成为吐蕃统治滇西北和洱海地区的政治军事核心所在地。麽些各部落与吐蕃的关系比较密切，这自然也成为日后唐朝和南诏联手攻打吐蕃时，麽些人成为被强行移民对象的重要原因。

据敦煌吐蕃历史文书记载，公元703年，“冬，赞普赴姜地（六诏），并攻陷之”。都松芒布杰赞普“夺取六诏之疆”。“姜”是藏语藏文中一直指称麽些的用词，反映了当时吐蕃的势力已经统治了今天丽江、维西和香格里拉市接壤的麽些江（金沙江）流域一带，同时其统治势力也达到洱海西南部地区。

这些地区的麽些人在这段特殊的历史时期，处在吐蕃与南诏这两大势力之间，不得不小心翼翼地与之周旋，“夹缝中生存”，和这两大势力力图保持一种均衡的关系。麽些与吐蕃上层之间相互通婚，结成了政治上的联盟关系。唐代，在西藏腹地“本佛之争”中失势的不少本教徒被放逐到滇川纳西族地区，于是本教和纳西人的本土原生性宗教相融合而逐渐形成了东巴教。而在唐代，有的麽些部落与南诏也保持着很好的关系，包括上层之间的通婚。唐代诗人白居易的《蛮子朝》一诗中曾提到，南诏王子到京城长安朝拜唐朝皇帝时，其导从是“摩沙”（纳西）人。而置于吐蕃铁桥节度势力范围核心地带的塔城、盐源一带的麽些部落，与吐蕃的政治联盟关系要比丽江坝区的麽些部落更为密切。吐蕃势力大时，南诏王也服从吐蕃，但同时也与唐朝保持联系。由于历史上麽些与吐蕃之间有特别密切的关系，所以南诏对麽些一直都很不信任，充满戒备之心。《新唐书·南蛮上·南诏上》中就记载，南诏王异牟寻很怕麽些蛮，怕麽些蛮会当吐蕃的向导，所以要“欲先击之”。

与吐蕃更为友善的越析诏，由于与吐蕃亲善，逐渐失去了唐王朝的信任与支持。越析诏被善于利用唐朝和吐蕃矛盾并得到唐王朝支持的南诏吞并了。后来发生在今丽江市玉龙县塔城乡的南诏与唐军联手攻吐蕃的“铁桥之役”，与南诏借助唐朝的支持灭越析诏，都有当时麽些与吐蕃关系密切这一因素在其中。

从《旧唐书·南诏传》的记载中，我们可以了解南诏与唐朝联手进攻吐蕃铁桥节度的过程。当时，吐蕃在北方与回纥发生大战，死伤惨重，于是就向南诏征兵，要求出兵万人。南诏王异牟寻定好计谋，回话吐蕃说现在南诏兵力弱，只能派兵三千。吐蕃嫌少，要求派五千，异牟寻佯装答应，于是先派兵五千作为先驱赴吐蕃之地。他亲自率领数万兵马，悄悄地跟在这五千精兵的后面，昼夜兼程，趁吐蕃没有准备，突袭之，攻陷十六座城堡，生擒五员吐蕃大将，俘虏了十万名士兵，然后把塔城铁桥击断沉入江底，防止吐蕃重渡金沙江来攻打南诏管辖之地。

击沉铁桥后，南诏对麽些人的打击接踵而来。比如，南诏迁西爨之民往永昌，迁施蛮往蒙舍，迁顺蛮往白

唐代的塔城铁桥遗址(今玉龙县塔城乡)

崖。由于吐蕃神川都督府辖境内很多麽些人与吐蕃关系密切，因此南诏进行移民的主体就是当地被视为与吐蕃亲善而可能对南诏不利的麽些部落。据史料记载，当时有近万户、五六万麽些人被南诏强徙于滇池地区。

我站在这一千多年前的塔城铁桥遗址处，想到南诏强制移民的这个历史之难，仿佛看到五六万麽些人扶老携幼、背井离乡的景象。这是一种什么滋味呀？他们离开了世代聚居的地方，离开了自己熟悉的神灵和家园，去往一个陌生的地方。而关于这些人之后的命运，几乎见不到蛛丝马迹的记载。[①]感慨系之，不禁喟然叹息：

千年铁桥已无踪，长江无语沉静流。

① 杨福泉：《塔城铁桥思千载》，载《中国民族报》2016年10月21日。

当年麽些居此地，南诏吐番在两头。
狭缝生存多艰辛，左右应对难应酬。
两强争斗狼烟起，战乱烽火映江流。
南诏得胜忌麽些，万户先民被迁走。
美女之乡遭浩劫，元气重创哀离乱。
麽些江上风悲切，塔城故地雁声残。
生离死别骨肉散，一族从此不团圆。
背井离乡走异域，滇中栖身弃故园。
北望雪山家何在，冷月寒星望乡关。
千年风烟如水去，书生江畔叹月寒。

我多次到宾川和鸡足山，都会想起一千多年前那个强大的越析诏的兴衰史，想起当年纳西先民开疆拓土之业与当时在复杂的政治环境下六诏之间的恩怨情仇，想到了在明代再次崛起的纳西族木氏土司与鸡足山结下的缘。也许这是冥冥中木氏土司与这个“祖先之地”的再续缘分，但这已经是与兵燹战乱截然不同的“佛缘”，是一种普度众生和促使人心向善的缘。

## 佛教名山之缘

中国佛教界有的人士认为，鸡足山是佛教禅宗的发源地，两千多年前释迦牟尼的大弟子迦叶尊者入定鸡足山华首门，奠定了它在佛教界的崇高地位，在元明两代，形成了以迦叶殿为主的8大寺71丛林，鼎盛时期发展到36寺72庵，常驻僧尼达数千人。鸡足山历代高僧辈出，唐代的明智、护月，宋代的慈济，元代的源空、普通、本源，明代的周理、彻庸、释禅、担当、大错、中峰，清末民初的虚云等都是闻名遐迩的大德高僧。

鸡足山和其所在地宾川县与纳西族有很深的缘分。相传释迦牟尼十大弟子之一的古印度摩揭陀国人迦叶尊者，是佛教第一次结集的召集人（即邀约弟子们集会，把释迦牟尼口述的佛经进行甄别审定，系统地把它确定下来），他持金缕僧衣，万里迢迢到云南的鸡足山来等待弥勒佛下生人间。他在到达鸡足山之前先到了丽江牟波山，这座山在纳西语中有好几个名字：一个叫“珊碧日雾鲁”，意思是会发出响声的银石山（“雾鲁”一词主要指雪山，可能过去此山也常积雪）；还有一个称为“生笔阿纳居”，意为“珊碧地方的老奶奶山”。早在唐代，这座山就已经是吐蕃和南诏政权境内相当有名的神山。它象征藏族称作“日达蒙波”（gzhi-bdag-smug-po），又称为“姜日木保”（lJang-ri smun-po）的山神。这山神是“姜”地土地神的首领。而“姜”则是藏族很早以来对纳

鸡足山金顶一瞥

西族的称呼。纳西族则称这山神为“世日曼波”。在藏文经典中，山神叫“德喇哈”（Dra-lha），这座山称为“姜里木波”（Jang-ri-mug-po），其意为姜（Jang，即指纳西）国的紫山，汉语称之为文笔山。

迦叶尊者来到文笔山，看到丽江地灵人杰，颇有佛缘，便先在这里说法讲经，并将一把钥匙留在那块山岩中的一块石头上，然后才去鸡足山，最后在鸡足山入定。从此，文峰寺就成了佛教的一大圣迹所在，凡是到鸡足山朝佛的藏、川、滇、青四省区的藏族、蒙古族、纳西族等族香客，首先要到文峰寺灵洞里烧香敬佛，向灵石祭拜“借钥匙”，从鸡足山朝圣返回时也要到此来“还钥匙”。据说那神圣的开启鸡足山佛门的“钥匙”就藏在这山岩中间的一块石头里。

丽江佛教神山文笔山上的“借钥匙”处

鸡足山上有一条玉龙瀑布，是鸡足山八景之一。明代中国大旅行家徐霞客曾以玉龙瀑布为题写下了《瀑布腾空》一诗：

珠玑错落九天影，冰雪翻成双壁喧。
我欲倒骑玉龙背，峰巅群鹤共翩跹。

这玉龙瀑布的传说，与玉龙雪山有关。相传释迦牟尼的十大弟子之一迦叶尊者，从印度来到鸡足山传播佛教，成为开山祖师。一次，玉龙雪山山神携小女儿到鸡足山来听迦叶尊者讲授那来自远方的佛教奥义，小女儿被奥妙无穷的佛理迷住了，以至于不想跟父亲一道回玉龙雪山。玉龙雪山山神只好将女儿托付给迦叶尊者照看。玉龙山神的女儿在鸡足山潜心学佛，后来她的真身修得罗汉果位，肉身则化成一道瀑布挂在她修行的悬崖上，宛如一道飘动的巨幅白练，给佛教名山增添了一道美丽的景观，也给山下的农田送去甘泽。迦叶尊者深为玉龙山神女儿为世人造福的精神所感动，因此将这一道瀑布取名为“玉龙瀑布”。①

到了明代，土知府木增和徐霞客与这座山发生了一段奇缘。两人的鸡足山之缘，谱写了一页足可传之后世的历史篇章。

《新纂云南通志》卷六三《宗教考》说鸡足山“山

① 梁波：《鸡足山玉龙瀑布的传说》，载《丽江报》2002年1月19日。

中修建功德以（木）增为最”。《鸡足山志补二》记载：“悉檀寺藏有木增僧服像立轴绢本，长八尺，宽二尺余。”

《鸡足山志补二》记载：“悉檀寺藏有木增僧服像立轴绢本，长八尺宽二尺余。”此图边上记有赵藩、李根源、张文光1912年一起观看等题字。（云南省博物馆收藏，陈登宇 提供）

著名白族学者、名流政要赵藩曾这样评论木增：“木增醉心佛教，往来各名山，特别爱鸡足山，建寺立规，历经三百年依然存在，我们游山住在寺中，看到窗明几净，使人联想到木氏之流泽长远呀！”①

木增也曾写诗记录了他的一些鸡足山之行，比如有一首《登鸡足山绝顶观雪景》：

策杖跻云上，真如到九天。
雪铺银世界，光现佛山川。
湛湛心如水，翩翩骨欲仙。
叩门寂不语，已悟祖师禅。

木增也曾为悉檀寺写了这样的两幅楹联，

联一是：

① 杨艳华、许天侠：《徐霞客木增的鸡足山楹联趣闻录》，载《徐霞客与丽江学术研讨会论文汇编》，2004年。

从鸡足山顶远眺玉龙雪山

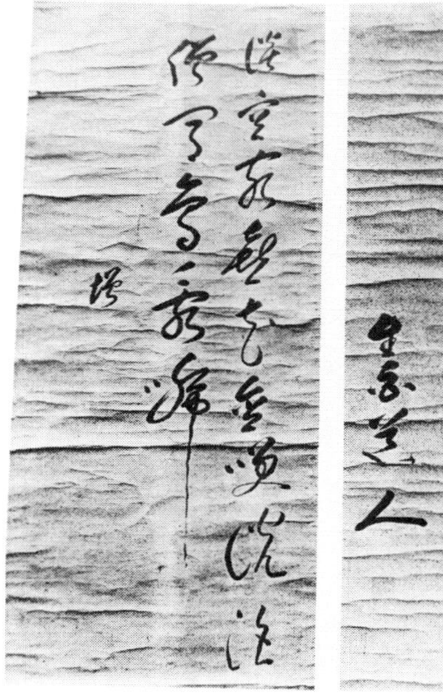

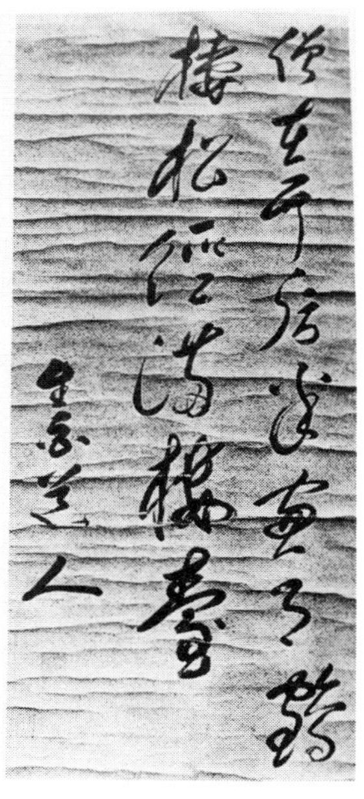

木增所撰写的鸡足山楹联

僧在竹房半帘月
鹤栖松径满楼台

联二是：

谈空客喜花含笑
说法僧闻鸟乱啼

第一联呈现了这样一幅图景：夜色如水，万籁俱寂，僧人独坐竹房，帘外半轮清寒的月；白鹤栖息在松林，月下寺中楼台，如梦如烟。意境清幽，满目禅意。

第二联反映了作者禅意佛理的一种心境。“谈空客”是作者自指，有一切皆空的佛学意蕴在其中。见“花含笑”，是了悟自然人生与一体的感悟，就像庄子见水中鱼儿的快乐一样。而说法的僧人，满耳听见鸟的歌唱，仿佛鸟儿也听懂了佛法的深奥哲理玄机。物我同一，浑然一体，其中蕴含着木增了悟自然与人生的诗情禅意。

明万历丁巳年（1617），木增为母亲求寿，向朝廷奏准在鸡足山建寺，捐银数万两，延请高僧释阐住持创修，并在寺的大门内修建万寿殿，表示祝国诚心。明天启四年（1624），木增上疏请求天启皇帝御赐《大藏经》一部，共六百七十八函，供奉于寺内的法云阁。天启皇帝并题寺名为“祝国悉檀寺”，“悉檀”是梵语，意译为

“成就”或“遍施众生”。[①]

民间流传着一个故事，说木增要建悉檀寺时，因为建寺地址在一个大龙潭上，必须将龙潭填平，才不影响建寺。有一夜，木增梦见龙王，请求龙王撤走龙潭之水，龙主提出“阁下只要用土石填平龙潭，我就将龙潭地基让给你建寺”。于是木增调集民工，用大量的土石抛入龙潭，可是龙潭依然。在这紧要关头，木增又梦见一位神仙给他出主意说，要想填平龙潭，必须用银色纸折的银锭大量抛入龙潭，即可填平。第二天，木增按照神仙指教的办法，将银色纸折的银锭大量抛入龙潭，纸折的银锭漂满龙潭，龙潭之水真的填平了，悉檀寺始得顺利施工。

传说归传说，但上面这个故事反映了木增修建佛教悉檀寺是善举，所以得到观音菩萨帮助的民间信仰。悉檀寺建成后，木增捐献附近属于木氏土司的田庄三千多亩作为寺产，以供佛事。相传木增在悉檀寺西面还修了一座桥上有屋顶的石梁桥。

1939年，汉族学者中最早研究纳西东巴文化的先驱李霖灿先生偕同他的画家朋友李晨岚去丽江，途中见到了鸡足山，他在《鸡足山三题》中写了一篇《悉檀寺的木增塑像》，其中也描写了他所见到的悉檀寺，只是当时木增在明末修建的这座名寺已经败落了。李霖灿描写了这座寺

---

① 宾川县志编撰委员会编：《鸡足山志》，云南人民出版社，1991 年，第 64 页。

庙受到藏传佛教影响的风格，由此可以想见虔诚信奉藏传佛教的木增，在鸡足山建悉檀寺时，也移植了藏传佛教的内容。

悉檀寺的整个设计很有匠心。当日主其事的人意境不凡，今日虽外表败落不堪，但由其残余基址上仍可见昔日美轮美奂的明代规模。一列高阶上立着第二道山门，厚拱红墙，并排三座有堡垒情味的拱门，古朴雄健，金鸡山无此格调。拾阶而登，南面而坐，可以看见两廊下的密集金刚，身佩骷髅带脚踏厉鬼皮，狰狞可怕，真是“现金刚面目，行菩萨心肠”。金鸡山亦是唯有悉檀寺才有这种西藏风的密宗塑像。因为当日悉檀寺以丽江木土司檀那主，丽江和西藏交通频繁，因而有密宗的狰狞护法凶神之像。在当日悉檀寺原是信奉密宗，改信显宗乃是晚近的事。

进二道山门，过一个三面回廊的铺砖法院，这才到一个空阔的大庭院中，正殿就在这里负山而立，局势敞阔，匾额精雅，题字亦佳，只是已记不得都是些什么。登殿拜谒，迎面一尊四丈高藏式铜佛，云当日确是从西藏运来，这工程可真不小。铸像极佳。显然，这是木增从他所管辖的藏地特意请来的佛像。

据李霖灿在文中的记述，当时寺里的一些和尚已经不知徐霞客是何许人，还错以为李霖灿他们问的是“刚上山的委员”。但对“木天王”却很熟悉，问他们“你们是来看木天王的吧？我来领你们去参拜！”和尚领着李霖灿和李晨岚二人“由廊下小门转一座花木扶疏的小小庭院，不大而雅，结组有致，檐下龛中，一位明代装束的文人箕踞而坐，神采奕奕，确实一件真艺术品。”①

李霖灿写道：“徐霞客先生游记中最有价值的一部分是滇西丽江之行，那因缘就是由木生白先生一手造成的。当日丽江木氏土司势力极强，西至西藏，北至青海，东至四川，都是纳西王国的版图（这里夸大了，木氏土司的统治势力确实延及滇川藏部分地区），所以被称作木天王，若没有他的允许，霞客先生是无法深入禁地观察的，那游记中就要缺少这段宝贵的资料了。”②

李霖灿在鸡足山悉檀寺看到，寺中不仅供奉有木增的塑像，还看到了珍藏在寺中的《木氏宦谱》。他曾将这份《木氏宦谱》与收藏在丽江木氏家中的另一份做了比较，发现都是来自一份原稿，只是“入清之后，晚近数代全缺，想是丽江木氏衰微，遂亦无暇及此了”（李霖灿《鸡足山三题》）。

李霖灿先生又继续写道：

---

① 李霖灿：《鸡足山三题》，载李霖灿《神游玉龙山》，云南人民出版社，1994 年，第 205 页。

② 李霖灿：《鸡足山三题》，载李霖灿《神游玉龙山》，云南人民出版社，1994 年，第 205 页。

木生白先生是埋没在边地的人杰，他不但武功鼎盛，文采亦造诣惊人。丽江的磨些土司木生白先生，亦是一人杰也。在那个时候，汉人文化尚未入边，他却能用汉文作诗，著有《云薖集》《山中逸趣》等书。又有眼识人杰，一听到仙陀说有奇人徐霞客来鸡足山，便竭诚地表示欢迎，求徐霞客北上丽江为他的子弟赶文章，想一次窥见中原文脉。一生嗜探险如命的霞客先生正是求之不得，于是一得确报，立即束装就道。[①]

1943年春，时任西南联大、云南大学教授的潘光旦、费孝通、罗常培、曾昭抡等人一同登临鸡足山。语言学家罗常培在悉檀寺中看到了这本《木氏宦谱》。据他所记，他去悉檀寺时，看到寺中的和尚有不少是丽江人，因此他在寺中还吃到了丽江风味的酥油茶和油炸糯米粑粑。他对在悉檀寺所见到的《木氏宦谱》做了认真的描述：

《木氏宦谱》长约一尺六寸，宽半尺，装裱甚为讲究。前有嘉靖二十四年杨慎所作序文，底下自第一世“爷爷”起，至第二十四世木钟支，

① 李霖灿：《玉龙大雪山——霖灿西南游记》，野外杂志社，1982年，第14~15页。

各有图像和世系说明。[①]

罗常培先生则在其著《苍洱之间》中对悉檀寺中所见所闻的记录云：

> 悉檀寺里的和尚大部分还是丽江人，所以在客堂待茶的时候，我们尝到富有丽江土风的油炸糯米粑粑和胡麻酥油茶。寺内有大佛一尊，是从西藏运来的，弥勒殿前的横匾也是藏文，古宗气味虽重，但门前又有万历己未年“悉檀禅寺”的匾。[②]

罗常培对《木氏宦谱》中所反映的“父子连名制”对照南诏世系、彝族、纳西族和属于藏缅语族缅人支的茶山人进行了认真的研究，指出了这种“父子连名制”藏缅语族的文化特征。

木增建悉檀寺，把佛教中的藏传佛教的密教文化传到了鸡足山。如悉檀寺内两廊下的密集金刚，身佩骷髅带，足踏厉鬼，狰狞可怕。这是西藏的密宗塑像，可谓丽江与西藏交通频繁，传密教文化到丽江的表现。

社会学家潘光旦先生则在此行中用日记的形式写了他的观感和思考，其中写道：2月8日游悉檀寺时，给他

① 罗常培：《记鸡足山悉檀寺的〈木氏宦谱〉》，载木仕华主编《丽江木氏土司与滇川藏交角区域历史文化研讨会论文集》，中国藏学出版社，2008年，第154~161页。

② 罗常培：《苍洱之间》，辽宁教育出版社，1996年，第158页。

印象最深的是悉檀寺很有密宗风味，大佛像来自西藏，殿宇陈设在诸大丛林中最为古色古香。寺中的宝物首推《木氏宦谱》一种，绘像及装潢都好。他还写了看《木氏宦谱》的一些感想，认为悉檀寺也是木氏土司的家庙，所以把《木氏宦谱》也收藏于此。他还谈到了徐霞客当年到鸡足山的一些史事。①

《木氏宦谱》影印本封面

费孝通先生则在此行中写下了《鸡足朝山记》一文，文中有对神话与历史的思考，有对藏民虔诚的朝圣行为的描述，当时他在金顶宝塔里看到有很多“穿着藏服的男女。他们一登楼就跪下叩头，又绕着塔周洋台打转，一下就跪地，一下就叩头，口里散乱念着藏语，头发上的尘沙还很清楚地记录着他们长途跋涉的旅程。我在端详他们时，他们也正在向我端详，他们眼光中充满了问号：哪里来这一个在神前不低头的野汉？既不拜佛又何必登塔？我想大概他们在这样想，至少他们的虔诚的确引起了我这种

① 潘光旦：《苍洱鸡足行程日记》，原载《自由论坛》第 1 卷第 3 期，第 5~6 期续载。此处据潘乃穆、潘乃和编《潘光旦文集》第十一卷，北京大学出版社，2000 年，第 140 页。

内心的自疚。我凭什么可以在这个圣地这样的骄傲？我有什么权利在这宝塔里站一个地位挡着这些信士们的礼拜？于是我偷偷地离了他们走下楼来，塔前的大香炉里正冒着浓烟”。

从这段记录中可见，藏民朝鸡足山的人是很多的。我有两次到鸡足山，看到了有远道而来的纳西族摩梭人在祭拜相传是迦叶尊者在这里打坐修行的华首门巨岩。

纳西族摩梭人在朝拜鸡足山华首门

费孝通在《鸡足朝山记》中还写道：

我总怀疑自己血液里太缺乏对历史的虔诚，因为我太贪听神话。美和真似乎不是孪生的，现实多少带着一些丑相，于是人创造了神话。神话是美的传说，并不一定是真的历史。我追慕希

> 腊，因为它是个充满着神话的民族，我虽则也喜欢英国，但总嫌它过分着实了一些。我们中国呢，也许是太老太大了，对于幻想，对于神话，大概是已经遗忘了。何况近百年来考据之学披靡一时，连仅存的一些孟姜女寻夫、大禹治水等不太荒诞的故事也都历史化了。礼失求之野，除了边地，我们哪里还有动人的神话？[①]

显然，作为人类学家的他在鸡足山敏锐地想到了边地各民族神话在中华文化中的独特价值。

国画大师徐悲鸿在1942年2月中旬曾经到鸡足山游览，沿途目睹山村农家土地肥美而生计艰辛，有感于当局施政乏术，随口吟咏七绝一首，诗云：

土壤肥沃鸡山道，可辟梯田八万顷。
善政倘能分配好，丰饶足食十方人。

他登上鸡足山后，即将此诗书赠给祝圣寺住持怀空法师，上款题“鸡足山行集诗，怀空老法师实施自给政策于祝圣寺，因书奉教”，下款署“悲鸿”并钤“徐悲鸿”阳文印章一枚。徐悲鸿上山后，在悉檀寺住了十多天，被祝圣寺方丈虚云待为上宾。他每天清早作画，午

① 费孝通：《鸡足朝山记》，“人人网”，http://blog.renren.com/share/40089876/12219996880/2。

后览胜观光，登天柱峰，游遍了山中各寺和景点，徐悲鸿还认真研究了鸡足山收藏的古代艺术品，遍阅高僧名人留下的书画，他画的鸡足山有素描《华首门》、油画《庭院》、翠竹密林、鸡足山全景画稿等，画了多幅白描佛像，留下了许多墨宝。其中比较著名的有《鸡、竹、山》《雄鸡》《祝圣寺》《鸡足山全景图》，两幅观音等。其中，《鸡、竹、山》系徐为寺中长老亚晞上人所作，画中有诗赞美鸡足山的神奇灵韵和他对佛法的理解及对圣山的崇敬。诗云：

信是先知先觉难，佛光早指翠微间。
灵鹫一片荒凉土，岂比苍苍鸡足山。[①]

木氏土司的直系后裔木光先生在童年时曾随他父亲去过两次悉檀寺敬香朝拜。他对寺内几个重要建筑和悉檀寺慧海方丈讲述的徐霞客与悉檀寺的不解之缘还留有深刻的印象，曾在文章中做了如下回忆：

悉檀寺内的法云阁，建筑雄伟，门窗雕刻，工艺精湛。阁顶高耸入云，八角飞檐，像五只彩凤展翅飞翔。万寿殿为殿宇式建筑，殿柱粗度一人怀抱不过来，殿顶采用蓝木色琉璃瓦。殿宇门

① 徐悲鸿：《滇西经历》，《云南政协报》2016年5月14日。

窗及檐坊彩雕，工艺精美。圣旨坊，建于悉檀寺三大门前面，建筑材料均用大理石砌合，坊门三道，两只高大的石狮坐立于石坊的左右，建筑高雅古朴。进入坊门，拾阶而上，就看见两廊下的藏式密宗金刚身佩骷髅带，脚踏厉鬼，狰狞可畏（因丽江木氏与西藏交往频繁，因而悉檀寺有密宗金刚神像）。

进入最后一道山门，其门有座堡垒情味的拱门，拱门两侧是厚红墙，入其拱门，过一道三面回廊砖铺的法院，就走进一座空阔的大庭院，其庭院的正面就是万寿殿，其殿负山而立，大殿两侧有厢房楼阁，殿宇庄严敞阔，文人学士撰写的匾额、对联精雅，题字亦佳。

在显眼的厢房正中挂有一块徐霞客撰写的黑底金字匾额，上书“佛光普照”四字，落款为：江阴弘祖顿首敬题。入殿后迎面看到一尊从西藏铸造运来的四丈多高的“无量寿佛”铜像，铸工精严，佛像涂金。由廊下山门转进山寺后院，院中花木扶疏，不大而雅，结龛有致。檐下龛中塑有一位明代装束的文人，箕踞而坐，神采奕奕，这就是木增土司的涂彩塑像。在后院法堂厢房阁楼上供有一块“明布衣徐霞客先生禄位牌”，看来这块徐霞客牌位供奉年代已久远。看到徐霞客的牌位，就可领悟到悉檀寺的历代僧侣对徐公才学人品的崇敬及情缘的深厚。

李霖灿先生在1939年到鸡足山，也见到了这块牌位，上面写着“明布衣徐霞客先生常生禄位牌”，看来木光先生小时候去鸡足山所见的牌位和李霖灿先生所见的是同一块。

悉檀寺主体建筑的两侧，北面是接待名士和香客的厢房，明代来悉檀寺落足歇息的文士除徐霞客之外，还有谢肇淛、高奣映、唐泰等，都留下诗书碑记之作。南面是山寺僧侣生活区，整体建筑匠心不凡。木光先生随父亲在悉檀寺敬香朝拜逗留闲谈中，慧海方丈对他们父子讲述了徐霞客与悉檀寺的深厚情缘。

崇祯十一年（1638），徐霞客从昆明沿途游览考察，于腊月二十二日到达鸡足山悉檀寺，受到悉檀寺弘辨、安仁等四大长老及众僧的热情款待，住宿在厢房北楼，起居生活全由执事僧人照应。徐霞客这次云南之行本与江阴迎福寺的静闻和尚结伴而行，静闻和尚立志将刺血写就的《法华经》供献于鸡足山，却不幸在中途圆寂。徐霞客遵其志，收其遗骨及经书来到悉檀寺，在悉檀寺弘辨等长老的热忱协助下，按静闻和尚生前要求，在寺东南二里，回龙环顾间，将静闻骨灰葬于悉檀高僧墓塔之旁，并为静闻建了墓塔。静闻刺血写就的《法华经》，由徐公转交弘辨方丈供奉于悉檀寺经堂。

崇祯十二年（1639），徐霞客走游考察滇西部分地区后，应木增撰修《鸡足山志》之约，于八月二十二日二上鸡足山，在悉檀寺抄录碑铭、《藏经》及各种文书中的有关资料。悉檀寺众僧也为徐霞客跑遍鸡足山所有寺庵和胜景，热心协助徐霞客搜集撰修《鸡足山志》的史料，为徐霞客提供修志的条件。徐霞客在悉檀寺期间，编撰完成了《鸡足山志目》《鸡足山志略一、二》《鸡足山十景》《丽江纪略》《法王缘起》等论著。[①]

明崇祯辛未年（1631），木增的儿子木懿对寺庙进行了修缮，对殿堂的梁柱和门窗等重新上漆，粉刷内外墙垣，悉檀寺宏伟壮丽，成为鸡足山建筑之冠。清康熙丁卯年（1687），丽江土知府木垚重修寺院内阁。之后，木氏土司经常派人来了解寺庙情况，如有破损，就及时拨款修缮。自建寺后300多年，悉檀寺没有遭到大破坏。清朝中叶，悉檀寺曾遭遇火灾，但仅仅烧去厨房，寺庙主要建筑依然完整。1952年和1963年间，悉檀寺两次被修缮，遗憾的是，在“文化大革命”中，悉檀寺被毁。[②]

木增修建悉檀寺，做了大功德，因此广受佛教界和本地民众的爱戴，僧众在悉檀寺建了“木太守祠”，位于悉檀寺大殿右边，用双层瓦覆盖，从不漏雨。祠中藏有《木氏宦谱》，祠堂前是小花园，遍植花草树木，环

---

① 木光：《徐霞客与悉檀寺的深厚情缘》，载《徐霞客与丽江学术研讨会论文汇编》，2004 年。

② 宾川县志编撰委员会编：《鸡足山志》，云南人民出版社，1991 年，第 64~66 页。

境幽静。[①]

云南境内的佛教信仰一直保存了汉传佛教、藏传佛教、南传上座部佛教并存的格局。不同的教派都有特定的区域和信徒。藏传佛教主要集中在滇西北，丽江、迪庆州的香格里拉、德钦、维西等地；南传上座部佛教主要在滇南的西双版纳、德宏、思茅、临沧等地；滇中和滇东一带则主要以汉传佛教为主，但汉传佛教也传播到了云南不少少数民族聚居区。有意思的是，鸡足山正好处在上述三种佛教教派的交汇点。历史上，藏传佛教由北向南传播，南传上座部佛教由南向北辐射，汉传佛教由东向西扩展，但它们的影响基本上都止于大理，并汇聚在鸡足山上。至今我们在鸡足山仍可以看到汉传佛教、南传上座部佛教和藏传佛教的信仰仪式行为，到鸡足山朝圣的有信仰南传佛教的云南傣族和来自东南亚国家的信徒，每年农历正月初一到十五，是鸡足山朝拜迦叶佛的“饮光会”会期，大理境内的白族民众都会扶老携幼来朝山。

可以说，木增一生花大力气苦心经营的鸡足山，成为一座会聚多元宗教信仰的奇山，这与他在丽江倾力推动而形成的多元文化和谐共存、各得其所的理念与格局是一致的。

2005年我去鸡足山，当年香火旺盛的悉檀寺在“文化大革命”中被毁，已经荡然无存，而悉檀寺旁的一棵

---

① 宾川县志编撰委员会编：《鸡足山志》，云南人民出版社，1991 年，第 65 页。

鸡足山上的一棵古树，就在已经被毁的悉檀寺旁边，至今这棵树还有人来祭拜

鸡足山山顶的楞严塔为十三层密檐式空心方塔，塔高约40多米，塔内为七层，可以直接登临塔的顶层。楞严塔的原址，曾经是建于明朝时期的光明宝塔，遗憾的是清朝康熙年间，云贵总督范承勋听信谗言，拆除了光明宝塔。1929年，时任云南省主席的龙云在游览鸡足山后，同意在光明宝塔原址修建楞严塔，历时三年多建成，成为鸡足山最壮美的人文景观。抗日战争期间，楞严塔曾经是驼峰航线大理地区的重要航标，为抗日战争做出了独特的贡献

老树依然还活着，此树名“空心树”，又名“静禅古树”。空心树是高山栲，树高50米，外直径约3.5米，是元代就遗留下的古树，据介绍，树龄已经有700多年。此树最奇之处，在于树干中空成穴，中空内径2.7米。

当夜我住宿在鸡足山，夜静风清，清风徐徐，明月临窗，追思木增前贤，喟然长叹。想到他一生与鸡足山的缘分，想到木增修建的悉檀寺虽已灰飞烟灭，但木增推动的佛教事业正在日益发展，深入人心，鸡足山已经成为人间一个安抚不同信仰的人们灵魂的所在，木增在他界有知，也会欣慰含笑了。我当夜写下了如下感怀。

**朝鸡足山**

久闻越析有神山，[①]佛缘浸润数千年。
清风小径寻梵音，绿树青竹皆是禅。
汉藏佛光同普渡，名士独钟鸡足山。[②]
不问南去北来客，共朝佛境结善缘。
登顶北眺玉龙雪，飘舞云端已恍然。

**夜宿鸡足山**

山林静谧听风语，夜空银河映梵音。
头枕旧梦悉檀寺，犹闻生白[③]曼声吟。

---

① 鸡足山所在地大理州宾川县为六诏之一“越析诏”（纳西先民）故地。

② 明代著名的纳西土知府木增、大理著名文士李元阳和明代旅行家徐霞客等皆与此山缘深。

③ 生白指与鸡足山有奇缘，建盖悉檀寺的木增，其字生白。

清溪琤淙伴虫鸣，夜鸟婉转含古韵。
万籁俱寂忘尘俗，冷月一片载心声。
百年故人骑鹤去，永恒佛义在人心。

**鸡足山怀木增**

纳人有先贤，雪域出生白[①]。
流连鸡足山，诗情蕴佛意。
霞落思先哲，月照青石水。
何处悉檀寺，寻觅无踪迹！[②]
松涛风过处，听君长歌吟。

本书作者在鸡足山山顶经幡飘舞处留影

① 木增，字生白。
② 木增曾捐资建悉檀寺，今已荡然无存。

## 木增与徐霞客的生死之交

木增一生与许多内地名士交往，中国伟大的地理学家徐霞客是最重要的一个，两个人最后成了生死之交。他们在社会动荡、明廷危机四伏的崇祯末年，在末世之音弥漫的时代相识相知在玉龙雪山下，写下了一个边地土司与内地名士生死之交的动人篇章。徐霞客因长期跋涉过度劳累，在云南期间患了风湿病，他的仆人又背信弃义偷了他所有的钱物弃他而去，徐霞客思乡心切而又难于行走。木增派数名纳西精壮之士，以轿子抬着徐霞客，千里迢迢送其回故乡江阴，风雨苦旅，历时156天。相传徐霞客去世前，嘱其家人将他的坟墓朝向西南，他的灵魂，似乎想去那圣洁的雪域世界与老朋友相聚。

## 徐霞客来到丽江

中国伟大的地理学家徐霞客是木增生命中非常重要的一个朋友，他们相识在社会动荡、明廷危机四伏的崇祯末年，写下了边地土司与内地名士生死之交的动人篇章。留存到现在的徐霞客的十卷游记中，其中，西南行部分共有九卷，而“滇游日记”整整占了五卷。由此可见徐霞客的云南行在他的壮游生涯中占有举足轻重的地位。

木增原来与徐霞客素昧平生，他们的交往，起因于当时的江南名士陈继儒。

徐霞客1636年决定到云南“西游”之前，就从江南名士陈继儒（眉公）处借得冯时可主编的《木氏六公传》，对丽江木氏土司有了初步的了解。后又请陈继儒写信介绍，想得到木土司的帮助。陈继儒为此专门写了一封信：

> 丽江木公书遵命附往，并有诗翁一柄、集叙一通，以此征信。此公好贤若渴，而徐先生又非有求于平原君者，度必把臂恨晚，如函盖水乳之合矣。珍重，珍重！归欤！归欤！出游记示我，请为涤耳易肠而读之。楚些未敢闻命。[①]

---

① 《陈眉公先生集》，转引自周宁霞《〈徐霞客游记〉的主要增订资料》，载《中国科技史料》第10卷，1989年第1期。

同时，他又给昆明的名士唐泰写了信，说“良友徐霞客足迹遍天下，今来访鸡足并大来先生，此无求于平原君者，幸善视之”[①]。1638年5月，徐霞客到昆明后，木土司即派人来接洽有关事宜，徐霞客因此有“知丽之守望久也”的记录。

唐大来，名泰（1593~1673），云南晋宁人，明末清初知名的书画家和诗人。明朝天启年间，曾向董其昌和陈眉公学习书画。后无意于仕途，受戒修行，更名普荷，一名通荷，号担当。善书画诗赋，被誉为“云中一鹤”和“南中高士”，著有《翛园集》等。他与木增是很好的朋友。唐大来看到陈继儒的信后，就把徐霞客要来云南游鸡足山的事告诉了木增。木增也久闻徐霞客之名，很敬仰他，准备好迎接徐霞客的到来。[②]

徐霞客刚到省中（昆明）的第三天，即戊寅年（1638）十月初三，就从他人处获悉木增殷切期待和他相识相聚的消息。十月初四，他到晋宁去见唐大来，两人相见甚欢，诗词唱和，在唐大来家里住了20天。徐霞客在唐大来处看到了木增的《云薖淡墨》《山中逸趣集》等诗文，因此对木增的为人和学养等有了更多的了解。唐泰也写了很多诗给徐霞客，《徐霞客游记校注》中收录了20

---

① 〔明〕徐宏祖著，朱惠荣校注：《徐霞客游记校注》，云南人民出版社，1985年，第808~815页。

② 吴祥、龚绍林：《徐霞客与担当和尚交往宣扬的爱国主义对新昆明建设的人文帮助》，《徐霞客与丽江学术研讨会论文汇编》，2004年。

首，由此也可见他们两人的友谊。[1]

此时，木增也知道徐霞客已经到了昆明，就派人盛情邀请徐霞客到鸡足山和丽江一游。根据《徐霞客游记》的记载，徐霞客的鸡足山和丽江之行大致日程如下。

崇祯十一年（1638）即戊寅十二月二十二日，徐霞客和他的仆人到达鸡足山，住在木增捐资修建的悉檀寺。该寺的法润、弘辨、安仁、体极四位长老奉木增之命款待徐霞客，畅游鸡足山名胜，历时一个月。第二年，即己卯（1639）正月二十二日，木增派一个通事到鸡足山去迎接徐霞客，经过悉檀庄、松桧（桂）、鹤庆到丽江，至二月十一日又由通事送徐霞客离开丽江，历时16天。同年八月二十二日，徐霞客从滇西南回到鸡足山，住在悉檀寺。九月中旬至第二年，即庚辰年（1640）正月间，徐霞客应木增所求代修《鸡足山志》，历时四个半月。庚辰年正月，徐霞客因为患了风湿病而难以行走，木增具备粮资，派人抬轿护送徐霞客回到江苏江阴县马湾徐家故里，历时156天。

徐霞客画像

① 〔明〕徐弘祖著，朱惠荣校注：《徐霞客游记校注》，云南人民出版社，1985年，第1199~1201页。

以上四段时间合计为11个月。其中前三段的5个半月，占徐霞客游滇21个月的四分之一时间，是霞客出游30多年中，唯一与边地少数民族的土官交往最长、耐心乐意地给予批评指点的一次，也是木增在与诸多内地名士交往中，唯一亲自迎送、盛情周到地接待的一个。

徐霞客在他的游记中留下了很多弥足珍贵的考察记录，《徐霞客游记》共63万字，规模比李京的《云南志略》、谢肇淛的《滇略》大得多。《徐霞客游记》中有关丽江的记载见《滇游日记六》和《滇游日记七》，还有附于《滇游日记十三》后面的《丽江纪略》和《法王缘起》，共约9000字。[①]对于丽江的研究范围也大为扩展，有关内容包括了山川形势、园林风景、聚落风貌和建筑、交通、行政运作、风土民情等，比如他写道："其地土人皆为磨些。国初汉人之戍此者，今皆从其俗矣。盖国初亦为军民府，而今则不复知有军也。止分官、民二姓。官姓木，初俱姓麦，自汉至国初。太祖乃易为木。民姓和，无他姓者。其北即为古宗。古宗之北即为土蕃。其习俗各异云"，"其俗有祭丁、祭天、折柳送行"等。徐霞客还专门记载了祭天的情况："其俗新正重祭天之礼。自元旦至元宵后二十日，数举方止。每一处祭后，大把事设燕燕木公。每轮一番，其家好事者费千余金，以有金壶八宝之献也。"这些多方面的记载对于后人认识当时

① 朱惠荣：《徐霞客考察丽江的历史功绩》，载《徐霞客与丽江学术研讨会论文集》，2004 年。

丽江的山川地理、关隘防守、木府待人接物的规矩和排场，纳西族的饮食和馈赠礼品的习俗，以及土司家庭对学习汉文化的热心等等是非常有用的。徐霞客在游记中所做的详细记录，是难得的个人亲历亲见而实录的史料。

从徐霞客游记中，我们还可看到木增捐助千金建成鹤庆文庙大成殿的史事，1639年正月二十四日，徐霞客从松桂向北，过波罗庄，一路考察鹤庆南部进入漾弓江的两条水系，下午入鹤庆城南门，“由八里余而入鹤庆南门。城不甚高，门内文庙宏整。土人言其庙甲于滇中，亦丽江木公（指木增）以千金助成。由其东北行半里，稍东为郡治。由其西，又北行半里，出一鼓楼，则新城之北门也。”①

## 丽江之会

徐霞客来到丽江后，在位于玉龙雪山西面山麓的解脱林（芝山）与木增会面。我在20世纪70~90年代多次到解脱林。1993年去解脱林时，面对当时已经破败不堪的深山古刹，深深怀想300多年前“中国第一旅人”徐霞客和纳西杰出土司木增的那一段千古佳话。

1638年，徐霞客来到佛教圣地鸡足山，只见“雪山一指，竖立天外，若隐若现”。他欣欣然地写下了咏玉龙

① 《徐霞客游记校注》（下），（明）徐弘祖著，朱惠荣校注，云南人民出版社，1985年，第927页。（此信息由友人夫巴先生相告后查证了《徐霞客游记》原文。）

雪山的诗章《观雪》：

北辰咫尺玉龙眠，粉碎虚空雪万年。
华表不惊辽海鹤，崆峒只对藐姑仙。

崇祯十二年（1639）一月二十五日，徐霞客从鹤庆辛屯出发，经七和（今丽江市古城区七河乡），入邱塘关。徐霞客在游记中记曰：

……七和（今玉龙县七河乡）者，丽江之地名，有九和、十和之称。其北又有大宅新构者，乃木公次子所居也。由其前北向行，又盘一支岭而北，七里，乃渐转西北，始望见邱塘关在北山上，而漾共之水已嵌深壑中，不得见矣。于是路北有石山横起，其崖累累，虽不高，与大山夹而成峡，遂从峡间西北上……此山真丽之锁匙也。丽江设关于岭脊，以严出入，又置塔于东垂，以镇水口……出人者非奉木公命不得擅行。远方来者必止，阍者（守门者）人白，命之入，乃得入，故通安诸州守，从天朝选至，皆驻省中，无有入此门者。即诏命至，亦俱出关迎于此……余以其使奉迎，故得直入。①

① 〔明〕徐弘祖著，朱惠荣校注：《徐霞客游记校注》，云南人民出版社，1985年，第928~930页。

丽江邱塘关远眺

早在明代，丽江就有不少险关要隘，徐霞客在这里所说的邱塘关，在今丽江市城南十多公里处的关坡，是古代丽江的重要门户。木氏土司统治时，在此严密守关，任何人不得擅入。徐霞客对此做了详细的记录。

邱塘关上原来还有觉显复第塔，建于明万历十七年（1589）。木旺撰写的《觉显复第塔记》中记其“壮藩壮泽”“广土风藐”，道出建塔之由。相传藏区一位高僧带一群僧侣到达丽江，在木氏土司邱塘关家院做法事传经布道，并建议木旺土司在邱塘建塔、建寺，以保一方平安。木旺土司听从藏传佛教僧人指点，在邱塘关建觉显复第塔，在家院旁修建一藏传佛教寺院。一年之间，宏伟高大的觉显复第塔竣工，高僧及其众多僧侣在塔边举行大规模的开光仪式。可惜觉显复第塔建成后，因民间的一些风水迷信而被人为地拆掉了，现在已经看不到这座塔。[①]

邱塘关纳西语称“敢古”，当地人俗称“三家社区”。此关由一石门、三个院落组成，东边二院，西边一院。据《徐霞客游记》及相关史料记载，石门前有一对石狮子，高约两米，头朝南，雄踞关口。石狮口含绣球，可转动但不可取出，行人好奇，常将其转动，日久天长，球面就比较光滑。当太阳西下时，夕阳照在狮子头上，远处可看到闪光，因而又有人说是夜明珠。至“文化大革命”时遭破坏，今天仍能见到一头石狮倒在西边的灌木丛中，身首分开，见尾不见首。听说守关者姓郑，一直到中华人民共和国成立后才迁居到今漾西社区中吉村。

1639年正月间，徐霞客来到邱塘关下，只见西来之山在此横叠一峰，“正支转而南下，其余支东下而横亘，直逼东山，扼丽江南北山之流，破东山之峡，而出为漾共江”。徐霞客

邱塘关附近的“埃般罗”，意思是“烧岩谷”。相传木氏土司用火烧岩石之法烧出这个山谷，使丽江坝子的积水从谷里流泻出去

① 关于这座塔被毁的详情，可参看杨福泉《寻找丽江之魂——融入纳西古王国》第四章“蔓草荒烟中的古国王室”，民族出版社，2006年。

邱塘关“小长城”远眺

感叹道：“此山真丽江锁钥也。丽江设关于岭脊，以严出入，又置塔于东垂，以镇水口。”

邱塘关一直是丽江的交通咽喉和战略要塞。清代“改土归流”后，丽江知府管学宣曾在乾隆年间重修过邱塘关。乾隆《丽江府志略》中记有：“知府管学宣重修，题额曰：保刈天西。”在光绪《丽江府志·建置志》卷二中有载，河西杨士鹏有诗曰：“叹说南关道，为歌行路难。马蹄惊乱石，人面碍危峦。径自谷中转，云从足下盘。古来设险意，重此一泥丸。”

1954 年，在复第塔东侧修通了丽鹤公路，此后，邱塘关渐从人们视野中远去，只有当地社区居民上山砍柴时才走此路。邱塘关西侧大约700米的山头上，有一段石头垒起来的围墙，被称作丽江“小长城”。此段石墙随山梁而建，宽有1.5米，高1.2米，其内侧有0.4米的台阶，用石很均匀，都由20余千克重的石头堆砌而成，没有细小的石料。整段“小长城”约有2.5千米，如同一条带子盘踞在山头上，直至西面的悬崖峭壁边。“小长城”除了有防御外敌入侵的功能外，因驮重负的马匹无法通过，还有效地防止了马帮和商贾偷税漏税。

我两次到徐霞客游记中提到的邱塘关，2016年到这里，感而咏之：

丽江险隘邱塘关，小长城上忆烽烟。
妙笔游记写边邑，游圣霞客过此关。
乱世之年狼烟起，男儿血战卫家园。
守关将士家犹在，战乱风云忆当年。
觉显白塔已无踪，月照漾江流水寒。

徐霞客当时到丽江府城，一月二十六、二十七、二十八日这三天是住在木增派来迎接他的一个木府通事的家中。他在这几天应该是游览了丽江古城，所以在他的游记中就有了记录丽江府城的文字：“历象眠山西南垂，居庐骈集，萦坡带谷，是为丽江郡所托矣。”他还记录了丽江古城的水利和地理民居等。

东桥之西，共一里为西桥，即万子桥也，俗又谓之玉河桥。象鼻水从桥南下，合中海之水而

徐霞客曾经走过并做了记录的“万子桥”，它位于中河边，始建于明代。相传城中有一富户久不得子，便捐银修建此桥，故名“万（望）子桥”

东泄于东桥，盖象鼻之水，土人名为玉河云。河之西有小山兀立，与象眠南尽处，夹溪中峙。其后即辟为北坞，小山当坞，若中门之标，前临横壑，象鼻之水夹其东，中海之流经其西，后倚雪山，前拱文笔，而是山中处独小，郡属踞其南，东向临玉河，丽江诸宅多东向，以受木气也。后幕山顶而上，所谓黄峰（即丽江古城狮子山、黄山，海拔2466米），俗又称为天生寨，木氏居此二千载，宫室之丽，拟于王者。[①]

徐霞客还记载了丽江当时的一些民风民俗，比如纳

① 〔明〕徐弘祖著，朱惠荣校注：《徐霞客游记校注》，云南人民出版社，1985年，第930页。

西族当时的农业轮歇轮种习俗和明代驻屯的汉人士兵。

其地田亩，三年种禾一番。本年种禾，次年即种豆菜之类，第三年则停而不种。又次年，乃复种禾。

其地土人皆为麽些。国初汉人之戍此者，今皆从其俗矣。盖国初亦为军民府，而今则不复知有军也。止分官、民二姓，官姓木，民姓和，无他姓者。其北即为古宗。古宗之北，即为吐蕃。其习俗各异云。[1]

木府和古城局部鸟瞰

① 〔明〕徐弘祖著，朱惠荣校注：《徐霞客游记校注》，云南人民出版社，1985年，第938页。

徐霞客此行未到木府，他在游记中记曰：

> 木家院南峰，同崻雄关与巽位（巽为八卦之一，以八卦定方位，巽位为东南方）。众大之中，以小者为主，所以黄峰（即木府后面的黄山，狮子山）为木氏开千代之绪也。从黄峰左腋南上西转，又一里，出其南，则府治东向临溪而峙，象鼻之水环其前，黄峰拥其后。闻其内楼阁极盛，多僭制，故不于此见客云。
>
> 先是危机黄峰三里，有把事持书，挈一人荷酒献胙（肉食），冲雨而至，以余尚未离解脱也。与之同过府治前，度玉河桥，又东半里，仍税驾与通事小楼。读木公书，乃求余乞黄石斋叙文，并索余书。[①]

从这段记载中可知，木增对当时内地名士黄石斋（黄道周）十分敬慕。黄道周是明末著名学者、书画家、文学家。他因抗清失败被俘，宁死不屈，坚拒了明朝降清的名将洪承畴的劝降，在南明隆武二年（1646年）壮烈殉国，隆武帝赐谥“忠烈”，追赠“文明伯”。木增后来在南明隆武二年八月初一日（1646年9月9日）去世，刚巧是在黄道周慷慨就义这一年。这虽是巧合，不过可以推想得知，木增平时博览名家之书，这些忠臣义士的人格和才学对他

① 〔明〕徐弘祖著，朱惠荣校注：《徐霞客游记校注》，云南人民出版社，1985年，第937页。

的影响是很深的。

一月二十九日，徐霞客在通事的引导下，从丽江古城出发，游十和院、崖脚院。他在游记中就有了对沿途村落的描写，他这样记述十和院（即今束河）：

徐霞客游记中记述的十和院，今束河古镇

西瞻中海，柳岸波，有大聚落临其上，是为十和院。其后即十和山，自雪山南下脉也。

又记崖脚院（即今玉龙县白沙镇崖脚村）：

“其处居庐交集，屋角俱插小双旗，乃把事之家也。”倚山东向，其处居庐连络，中多板屋茅房。有瓦室者，皆头目之居，屋角俱标小旗二面，风吹翩翩，摇漾于夭桃素李之间，宿雨含红，朝烟带绿，独骑穿林，风雨凄然，反成其胜。

根据徐霞客游记记载，二十九日徐霞客到达解脱林，住在藏经阁之右厢。徐霞客描写解脱林“乔松连幄，颇绕烟霞之气”。关于解脱林，即福国寺，《嘉庆重修一统志·丽江府寺观》记载：“福国寺，在丽江县西北，雪山西南麓，旧名解脱林。明天启时赐此名。”

原来在白沙（芝山）解脱林的福国寺

木增在寺南冈上别墅迎见徐霞客，通事先引徐霞客到这里，木增派了两个大把事来恭迎，两个都姓和，一个是文通事，另外一个是武通事，徐霞客记述他“其体干甚长壮而面黑，真猛士也”。木增走出第二道门，把徐霞客迎入内室，相互作揖叙礼。木增隆重地接待徐霞客，完全没有土司的架子，徐霞客这样记述：“布席地平板上，主人坐在平板下，其中极重礼也。”

徐霞客在游记中还记载了为什么木增的大儿子木懿和三儿子没有来见面的原因，说当时丽江人都非常惧怕“出豆”（即传染病天花）。

> 每遇寅年，未出之人，多避之深山穷谷，不令人知。都鄙间一有染豆者，即徙之九和，绝其往来，道路为断，其禁甚严。……木公长子之袭郡职者，与第三子俱未出，以旧岁戊寅，尚各避山中，越岁未归。惟第二、第四〔名宿，新入泮（考入府州县学即称入泮或游泮）〕者，俱出过。公令第四者启来候，求肄文木家院焉。[①]

徐霞客到解脱林的第二天，木生白以纳西族的待客大礼招待徐霞客，用青松毛铺地，摆出八十一种菜肴，使徐霞客目不暇接。他在《徐霞客游记》中记载曰："大肴

现在重新修建的福国寺

① 据《木氏宦谱》记载，木增四个儿子名阿春、阿光、阿宝、阿仁。长子阿寺阿春即木懿，袭知府职。〔明〕徐弘祖著，朱惠荣校注：《徐霞客游记校注》，云南人民出版社，1985年，第938页。

八十品，罗列甚遥，不能辨其孰为异味也。”之后，徐霞客又应木生白之请，撰文指导他的第四个儿子木宿，木宿赠送徐霞客丽江特产“丽锁红毡”。

徐霞客这次在解脱林一待就是七天，他与木增在山间谈诗论文，夜话人生。徐霞客惊奇这个边邑之王那似乎得雪山之精华的风骨神韵，文韬武略。山中半月，两人成生死之交。徐霞客欣然应木生白之请，为他的诗文集《山中逸趣》作跋。据史家考证，徐霞客为人作跋，“海内殆无第二篇”。现特将徐霞客的跋语抄在下面，体会他们两个人在情感世界和人生情趣方面引发的共鸣。

**《山中逸趣》跋**

自两仪肇分，重者为地，重之极而山出焉。以镇定之体，奠鳌极而命方岳，但见其静秀有常而已，未有能授之逸者。熟知其体静而神自逸，其迹定而天自逸。彼夫逃形灭影，塿坯湮谷，曾是以为逸乎，岁直与山为构者也。进而求之，伊尹逸于耕，太公逸于钓，谢傅逸于奕，陶侃逸于鬲，逸不可迹求，类若此而大舜有大焉。其与木石居、鹿豕游者谁，其逸沛然决、莫能御者又谁。迹野人求之市，复迹大舜求之不得，是所谓真逸也。千古帝皇，莫不以舜为兢业，自乃鼓琴被袗，其得力于深山者固趣。但自有虞以后，山川之劳人亦久矣。神禹以之胼手胝足，秦人因之驱石范铁，焉睹所谓逸。乃丽江世公生白老先生，夙有山中逸趣者何？非天下皆劳，而我独逸；天下俱悲，而我欲趣。即以天下之劳攘还之天下，而我不与之构；以我之镇定还之我，而天下阴受其庇。与山之不能相忘，我欲迹之。是山非天下之山，乃我之能镇能定之山也；多山非我一方之山，乃天下之山，而为镇能定之山也。故文章而[illegible]石者，逸为出岫之卷舒，雪影而飞絮者，逸为天半之璠玉；泉静而滥觞者，逸为左右之逢源；丘壑而宫商之音，逸为太始赋形；而金石之宣，逸为均天。先生此集所以卷纶藏密者，与莘渭各异而镇意念之心，故悠然迹外，即纳之大麓，又何与于舜庭之扬歌。垂承则能赍天下于春台者此趣，能翔太和于寰宇者此趣，而山中云乎哉？然必系之山中者，所以奠鳌极而禠方岳也。弘祖遍觅山于天下，而亦乃得逸于山中，故喜极而为之跋。

崇祯己卯仲春朔旦

江左教下后学徐弘祖霞逸父顿首拜书于解脱檀林[1]

徐霞客到解脱林后的第五天，木增又送来另一稿本《云薖淡墨》，请徐霞客修订和指正。徐霞客细读后，发

① 徐霞客：《〈山中逸趣〉跋》，云南省图书馆所藏刻本，转引自杨林军《徐霞客与丽江》，云南出版集团公司、云南美术出版社，2007年，第165~166页。

现该书“讹字极多，既舛落无序，而重叠颠倒者亦甚”，于是向木增提出了意见。木增听后，恳请徐霞客做详细的校订。徐霞客慨然允诺，用了四天时间认真梳理了全书，边校勘边分类，认真修订错讹和重复颠倒的地方，润色后使之成为一本条理清楚、段落分明的书。

我在2016年去当年徐霞客指导木宿的明代木家院（又名万德宫），它位于丽江市古城区开南街道漾西社区西林瓦村。万德宫于明嘉靖三十五年（1556）由土司木高修建，是明代木氏的行宫。徐霞客来丽江时，曾应土司木增之邀，在这里教授木增之子文章写作之道。1982年，万德宫被丽江纳西族自治县公布为县级文物保护单位。原建筑大门朝南，有宽敞的院坝、议事厅、会客室、后花园，门口立有一对狮子，院内树木高大茂密（有柏垂

徐霞客曾经指点过木增儿子作文之道的木家院（又名万德宫），如今老院里的几棵老树还活着

柳1棵、松针树1棵、银桂花树1棵、梅子树1棵、松柏2棵，其中柏垂柳树属于濒危树种，云南省只有2棵）。徐霞客当年来这里时，曾看到后院有茶花，盘荫数亩，高于楼。他称之为“南中之冠”，当时的树龄都已经有60多岁，显然不亚于今日丽江玉峰寺有“环球第一树”之誉的那棵茶花树王。可惜如今这棵树已经了无踪影。我在这个已经只残留了主院的老院里，睹物感怀：

乔木世家居雪域，华马国史走波澜。
霞客授文万德宫，名士遗泽木家院。
文治武功绵延久，天雨流芳文脉远。
古树残瓦留旧梦，老院清风忆故园。
木增霞客今何在，琴音剑气在人间。

徐霞客与木增这两个奇人在丽江的相聚，可以说写下了丽江木氏土司煌煌史册上最后明丽的一笔。木生白那带有宿命色彩的遁世传奇，似乎也预示着木氏土司数百年苦心经营滇西北的历史，将同他的宏伟宫室一起，在残阳落照中灰飞烟灭，木府后来毁于咸丰年间的兵燹。

木增隐居的解脱林，是个著名的佛教胜地，坐落在今玉龙县白沙镇玉龙雪山的南部横岭。此山脉又名芝山，原是木氏土司的别墅所在地，原来是汉传佛教寺庙，建于明万历二十九年（1601）。明天启四年（1624），明熹宗（1621~1627）曾赐名此寺为“福国寺”，清朝初年改为藏传佛教寺庙。由汉传佛教寺改为藏传佛教寺的原因是什么呢？丽江文峰寺纳西僧人孙诺老人（已去世）曾对我讲过这么一个故事。

木天王是个对佛教十分虔诚地信仰的人，自从纳西木氏剿灭了来犯丽江的部落的军队后，木天王想到战争中双方死人太多，造了孽，便先在芝山建了一个汉传佛教寺，但寺庙建成后仍不顺利，寺庙连连失火。后来他便派人去西藏请教大宝法王（噶玛巴）个中原因，大宝法王告诉他，汉传佛教压不住解脱林这一方高原地脉，应建藏传佛教寺庙。木天王遵照他的建议，在佛教胜地鸡足山建盖汉传佛教寺庙，而把原来的福国寺改为藏传佛教噶举派的寺庙，这个寺庙在藏语中被称为奥米南林（Og-min-rnam gling）。噶玛巴专程莅临此地，在一块石头上踩了一个脚印，将这石头嵌进墙基内，从此木天王家百事和谐，丽江风调雨顺。这一传说与噶举派黑帽系十世活佛却英多吉在清康熙十八年（1679）建解脱林藏传佛教寺的史事相符。根据丽江指云寺的碑记所示，解脱林是丽江第一个藏传佛教寺庙。据文峰寺老僧孙诺讲，他小时专门去看过这块有大宝法王足印的灵石，见到它嵌在墙基内，脚印有两尺左右，亮闪闪的。1975年，此寺搬迁到黑龙潭公园，孙诺被请去辨认灵石，现在此石收藏在丽江市博物院。

上述传说，虽有藏传佛教僧人的夸张和神秘主义的解释，但也反映了木增木懿父子与大宝法王十世噶玛巴之间的密切关系。不过全力支持十世噶玛巴在辖区内大力推进噶举派的是木增的儿子木懿。在这些传说里，木增和木懿与噶玛巴的关系以及修建解脱林藏传佛教寺，时间上有些混淆。清康熙十八年（1679）把解脱林汉传佛教寺改为藏传佛教寺之举，是在木懿当土司的时期，此时木增已经去世了。

从这个修建福国寺的故事中可以看出，当时藏传佛教噶举派在丽江纳西上层和民众中已经产生了影响，因为如此，原为汉传佛教的寺庙才可以改造成藏传佛教噶举派的寺庙。但从另外一方面看，在木增和他的前任众多木氏土司任上，虽然在木氏土司所经营的藏区大力扶持藏传佛教，但在丽江本土则一直没有建盖藏传佛教寺庙。藏传佛教是在清初以后的一段时期里，在丽江纳西族地区得到较快的发展，丽江纳西族在明代就与藏传佛教有密切的来往，但真正在当地建立寺庙，大批发展教徒，则是在清代初年之后。

徐霞客因为到过解脱林和木家院，对这两处建筑的描写是比较具体而详细的。

解脱林倚白沙坞西界之山。其山乃雪山之南，十和后山之北，连拥与东界翠屏、象眠诸山，夹白沙为黄峰后坞者也。寺当山半，东向，以翠屏为案，乃丽江这首刹，即玉龙寺之在雪山者，不及也。寺门房阶级皆极整，而中殿不宏，佛像亦不高巨，然崇饰庄严，壁宇清洁，皆他处

洛克在20世纪30年代所拍摄的解脱林（福国寺）全景。翻拍自洛克《中国西南古纳西王国》，云南美术出版社，1999年

所无。正殿之后，层台高拱，上建法云阁，八角层甍，极其宏丽，内置万历时所赐藏经焉。阁前有两庑，余寓南庑中。两房之外，南有圆殿，以茅为顶，而中实砖盘。佛建像乃白石刻成者，甚古而精致。中止一像，而无旁列，甚得清净之意。其前即斋堂香积也。北亦有圆阁一座，而上启层窗，阁前楼三楹，雕窗文槅，俱饰以金碧，乃木公燕憩之处，扃而不开。前即设宴之所也。其净室在寺右上坡，门亦东向，有堂三重，皆不甚宏敞，四面环垣仅及肩，然乔松连幄，颇饶烟霞之气。闻由此而上，有拱寿台、狮子崖，以迫

于校雠，俱不及登。[1]

美籍纳西学学者洛克博士对福国寺的来历有过这样的描述：

> 解脱林（即福国寺）：这个喇嘛寺在藏语中称为奥米南林（Og-in-rnamgling），在明朝熹宗年间（1621~1627），熹宗皇帝亲自赐这个寺名福国寺。它实际建造的日期不得而知，因为这寺曾一度被火烧，一切记录都被焚毁。现在的寺系同治十二年（1853）重建，而这次重建与遭火灾时相距53年。
>
> 解脱林原来是都松钦巴的第9个化身却英多吉所建。都松钦巴是噶玛巴派的创始人，生于公元1109年，公元1124年授圣职，卒于公元1192年。
>
> 在建立这个喇嘛寺以前，这块土地原来是木家统治时期的刑场，后来在这刑场上修建了一座小的汉传佛教寺庙。这个地方的纳西语名为布纳课（Bbue-na-k'o），汉文译音为背拿课。后来还称为脑独林和吾妹脑独林，后者是藏语名称的汉文音译。
>
> 明朝时，四宝法王从乌斯藏（明朝时称西

① 〔明〕徐弘祖著，朱惠荣校注：《徐霞客游记校注》，云南人民出版社，1985年，第934~935页。

1994年，本书作者去解脱林所拍到的断壁残垣

藏为乌斯藏）的大宝来云南鸡足山朝拜，途中经过丽江（纳西王曾热烈地迎请过二宝喇嘛，当时二宝法王指出芝山是建立喇嘛寺最理想的地方。因此纳西王将此地送给了他）。四宝法王在他的归途中，从丽江带了6个徒弟到西藏学习。当这6个徒弟完成学业后，他们回到丽江，建立喇嘛教并修建喇嘛寺。在寺庙大门外面的墙上嵌着一块碑，上面刻着细致描写芝山的一篇文字，其中提到每个山脊、深渊、突出的岩石的名称，但喇嘛寺修建的日期却未写明。碑石的落款日期是明朝天启丁卯年，相当于公元1627年。这个寺是木生白（官名木增）所建。[①]

① 洛克著，刘宗岳等译，杨福泉、刘达成审校：《中国西南古纳西王国》，云南民族出版社，1999年，第132页。

我最早在1969年探访过解脱林，那时我刚读初中，开学不久就来到白沙的木都村“支农”（当时十分普遍的一种学生下乡帮助人民公社村民干农活的称呼）。这个村子离解脱林不远，有一天，我和几个同学便偷偷地爬到山上去看那座著名的“福国寺”。我们走捷径，山势陡峭费时半日到了目的地。记得当时森林茂密，古老的寺庙虽显破旧但气势仍十分宏伟，特别是寺庙主楼“五凤楼”（又名法云阁），深深地吸引了我。印象最深的是它有很多奇妙的飞檐，从任何一个角度看都可见，灵动飞扬，就像五只向长天展翅欲飞的彩凤。我后来才知道这就是这楼被称为五凤楼的原因。我们走进寺庙，寺庙内空寂无人，杂草丛生，几只山鸟在寂寞地吟着歌，满眼凄凉。

1994年深秋，我从高寒山区文海进行田野调查后回来，特意经过解脱林再去看一看这个名胜之地。我到解脱林时已是日落时分，夕阳照射在这昔日的纳西王避暑之地和宗教圣地。二十五年前见过的福国寺早已在十多年前搬迁到黑龙潭公园中，现在只剩下一些破败的寺庙照壁、院落的陈迹以及一些僧房的断壁残垣。古人在史书和诗词中咏叹的“白鹿泉”“涵月湖”“北斗崖”“丹霞坞”等名胜皆不知坐落何处，只有寺庙故址前山坡上那一片寂寞的古树林还有一种萧瑟的气象，在夕阳中无言地诉说着历史的无常和岁月的渺远。

回忆起数百年前徐霞客和木增在这里的会晤，又想到当年徐霞客离开丽江后，从大理、保山到腾冲，过澜沧江、怒江，翻越高黎贡山，实地考察了腾冲火山热海，获得了大量的第一手资料，然后折头从保山经凤庆、巍山、弥渡，在当年八月回到了鸡足山。由于一路奔波，经历瘴烟湿毒，万种辛苦，徐霞客不幸患了风湿病。雪上加霜的是，跟随他多年的随从顾行，竟然开箱子偷了徐霞客的所有值钱之物，不辞而别。鸡足山的僧人要去追赶，徐霞客说："追或不能及，及亦不能强之必来，亦听其去而已矣。"只是"离乡三载，一主一仆，形影相依，一旦弃余于万里之外，何其忍也"。顾仆的逃离，给徐霞客很大的精神打击，从此他抑郁不乐，病情加重。但他还是坚持完成了木增在丽江托付他的事，撰写了《鸡足山志》。在这一时期，他还撰写了《溯江之源》《法王缘起》《丽江纪略》《永昌志略》《近腾诸夷说略》等文章，并写了《鸡山十景》17首诗。[①]《法王缘起》和《丽江纪略》两篇专文很重要。《法王缘起》介绍了吐蕃地区的政治，对吐蕃的宗教状况介绍详细。该文也记载了一些重要的历史事件，比如"庚戌年（万历三十八年，1610年）二法王曾至丽江，遂至鸡足。大宝法王于嘉靖间朝京师，参五台。丽江北至必烈界，几两月程。又两月，西北至大宝法王"。

《丽江纪略》则集中介绍了丽江与吐蕃的关系。其

① 夫巴：《千古奇人生命的最后之旅——徐霞客与丽江》，云南民族出版社，1999年，第47~48页。

中，徐霞客如实记载了丽江木氏土司在所辖藏区边境区域的一些不利战事：

丽江名山牯冈、荸果，俱与鼠罗相近（东北界）。胡股、必烈，俱丽江北界番名。甲戌岁（崇祯七年，1634年），先有必烈部下管鹰犬部落，得罪必烈番主，遁居界上，剽窃为害。其北胡股贩商，与西北大宝法王往来之道，皆为其所中阻。乙亥（崇祯八年，1635年）秋，丽江出兵往讨之。彼先以卑辞骄其师，又托言远遁，丽人信之，遂乘懈返袭，丽师大败。丽自先世雄视南服，所往必克，而忽为所创，国人大愤，而未能报也。①

徐霞客这条关于丽江军队失利的记载，与他在游记中的另一条记载是相呼应的。徐霞客在游记中曾记载：

……以书入谢，且求往忠甸，观所铸三丈六铜像。既午，木公去，以书答余，言忠甸皆古宗（藏人），路多盗，不可行。盖大把事从中沮之，恐觇其境也。②

① 〔明〕徐弘祖著，朱惠荣校注：《徐霞客游记校注》，云南人民出版社，1985年，第1189页。

② 〔明〕徐弘祖著，朱惠荣校注：《徐霞客游记校注》，云南人民出版社，1985年，第934页。

从上面两条记载分析，木增不敢答应徐霞客去中甸，显然有他的周密考虑，当时的局势确实不利于徐霞客前往中甸，徐霞客猜测是大把事从中作梗，怕看到木增管辖的地区，显然是误解了。在《徐霞客游记》中还有这样一段记载：

> ……前缴册大把事至，以木公命致谢，且言牯冈亦艰于行，万万毋以不赀蹈不测。盖亦其托辞也。然闻去冬亦曾用兵吐蕃不利，伤头目数人，至今未复，鼠猡、古宗皆与其北境相接，中途多恐，外铁桥亦为焚断。[①]

从这段记载中，亦可看得出当时木增正处在与所辖藏区用兵不利、将士受伤的窘境，所以致书徐霞客，劝他不要去牯冈等地，是符合情理之事。

在鸡足山上，徐霞客渐渐思乡心切，急于回到故里去。木增知道他的意愿后，就派了数名纳西精壮之士，用轿子抬着徐霞客，千里迢迢送其回故乡江阴，风雨苦旅，经湖北黄冈再乘船，终于在1640年，历时156天，把徐霞客送到了江阴马镇家中。当时明朝正处在风雨飘摇之中，徐霞客回到家乡后浸润在木增的生死友情中。据1999年曾到徐霞客家乡江阴县参观过徐霞客纪念馆的

---

① 〔明〕徐弘祖著，朱惠荣校注：《徐霞客游记校注》，云南人民出版社，1985年，第937页。

丽江木府博物院院长黄乃镇讲，至今，徐霞客家乡故居有一半多的展览版面都是讲他和木生白之间的事，可见两人交往之深。相传徐霞客去世前，嘱其家人将他的坟墓朝向西南，他的灵魂，似乎想去那圣洁的雪域世界与老朋友相聚。

木府大门前木增与徐霞客的雕塑

如今，人已去，楼已空，此刻只余空山鸟语，林梢清风。但我觉得，尽管人世沧海桑田，岁月无情，但人间真情不泯，诗性长存。徐霞客和木增的友情长存丽江山水间，我仿佛见到这两位山水奇人正在白雪清风中把酒凌虚，笑谈当年他们的雪山月夜之会。

如今，解脱林的藏传佛教噶举派寺庙福国寺在十七世东宝·仲巴活佛努力之下已经重建，但愿这座名寺能大力弘扬先贤精神，贴近丽江的民众生活，关注他们的悲欢离合，让佛光重新照耀风尘苍生和世道人心。这样，木增和徐霞客这两位当年在解脱林说文论道、探索人生的先贤，也将欣慰地含笑在玉龙山的千秋白雪之中。

## 促进纳西与藏族友好关系的土司

木增一生所做的很多大事不仅与丽江和内地密切相关，也与滇川和藏区有密切的关系。木增一生对藏传佛教所做的一个大贡献，就是在丽江主持雕版刊印了大藏经《甘珠尔》。此举被藏学界誉为滇藏文化交流史上的大事。木增还积极推进藏区各族的经济文化交流，虽然纳西族与藏族之间在明代有过不少战争，但最终没有因为战争而成为世仇，而是在战后的和平相处与经济文化的深度交流中，“相逢一笑泯恩仇”。两族之间的经济、文化和信仰的交流不断加深，相互融合，共同谱写了滇藏经济文化交流和促进茶马古道繁荣的辉煌篇章。

## 木氏土司的“木瓜”制度和“姜宗”

木增一生为促进藏族与纳西族在经济、贸易和文化上的交流做了很多实实在在的好事。

木增承前启后地经营木氏土司势力范围内的康巴藏区，做出了自己的突出贡献。从嘉靖三十三年（1554）起，木氏土司在滇川藏区大量移民屯垦，开采矿藏，收取赋税。当时木氏（木增时期，1609~1623）在今天香格里拉市的小中甸建立了行宫统领，并且让“木瓜”（纳西语，直译“兵管”，是军事首领）分别管辖各地。明朝末年，为解省城之危，“沐天波檄丽江土官木懿（木增的儿子）救援，懿令中甸、喇普头目率彝兵赴援，号雄兵百万”[①]。

“雄兵百万”无疑是夸张之语，但也可以看出，木氏土司到明末时，在滇川边界地区的势力和兵力十分强大。

明代纳西族木氏土司统治滇川藏区期间，委任纳西族和藏族的军事首领为“木瓜”（muq gua），并对当地的藏族头人委以“本虽”（bbei sui）的职务。“本虽”为纳西语，是“村寨官”的意思。由“本虽”管理百姓，为其效劳。而主要的军权则由木氏掌管。

从近现代的一些民族志资料中，我们还可以看到

---

① 康熙《剑川州志》卷三，转引自段志诚《中甸政教合一制度的历史演变》，载《中甸县志通讯》1992年第2期。

“木瓜”这种军事管理制度的一些遗留情况，从中看到明代纳西木氏土司所设立的这种军事管理制度的深远影响。在20世纪50年代以前，长期在丽江调研的美籍奥地利学者洛克在《中国西南古纳西王国》一书中记录了他所考察的维西叶枝“木瓜”的一些情况。

> 叶枝平坝在纳西语中称尤堆（Yu-dtu），由纳西族的土司管辖。已故土司名王赞臣，他被称为“木瓜”（Mun-kua，军事官员），这是汉人按纳西语音相称的。他是纳西领袖古时任命统治那里的军事官员的后裔，现在是由他的儿子继承其职位。他的权利扩张到俅江，俅子（独龙族旧称——校者）对他缴纳贡赋。《云南通志》提到王赞臣的第一个祖先是王连，他作为土把总管理康普；显然王家后来从康普迁到了叶枝。①

根据云南省迪庆藏族自治州所藏藏文历史档案《中心书卡藏汉公约》所载，木氏时在今中心镇老城建有木瓜房。②

2016年11月6日，我到四川省木里县俄亚纳西族乡考察，有很长一段土路不好走，沿途又常见到修路。经过风

---

① 约瑟夫·洛克著，刘宗岳等译，杨福泉、刘达成审校：《中国西南古纳西王国》，云南美术出版社，1999年，第208页。

② 《中甸县志资料汇编》第五辑41页所载030号藏文资料《中心书卡藏汉公约》。

尘仆仆的长途跋涉，我们最后安全到达俄亚大村，受到俄亚纳西同胞的热情欢迎。村民用当地称为“日摆”的大麦酒敬我们，献黄色的哈达给我们，这个习俗显然受了藏族敬客习俗的影响。此外，村民还吹起大海螺号来欢迎我们，这给我留下了深刻的印象。

木里县俄亚乡俄亚大村是一个藏在深山、保存了纳西古风古俗的村落，它位于滇川两省的香格里拉市、宁蒗、稻城、木里几个县的交界处，四周被重重的高山和金沙江、无量河、龙达河环绕，堪称“鸡鸣两省五县”。俄亚乡政府驻地在龙达河西岸，距木里县城约298千米。俄亚是个纳西族古寨，有世界罕见的蜂窝状建筑群——全村207户人家的房屋连为一体，依山而建，街巷蜿蜒纵横。

四川省木里县俄亚纳西族乡的俄亚大村，“木瓜房”就建在山坡上最重要的可以观察人们来往的位置

我们在俄亚大村访问了两位老东巴，一个是汪布东巴，已经90岁了，因为耳朵很背，不便交谈。另外一个是阿普甲若，看上去形貌高古，眼睛炯炯有神。他是丽江木土司委任的管理俄亚这个区域的军事首领“木瓜”家的东巴，是随“木瓜”来到俄亚的，传到他已经11代了。他的夫人则是“木瓜”家的后裔，说话幽默风趣，阿普甲若在和我们交谈时，她不时插进来说几句使人忍俊不禁的笑话，阿普甲若也幽默，不时回敬几句调侃的话，显然，老两口都很幽默。

“木瓜”制度在滇川藏区的一些地方一直保留至民国中期。1930年，国民政府派有藏族血统的刘曼卿女士为特使进藏，历经种种险阻，进行了认真的考察。她在西康木里县（今四川省木里藏族自治县）对当时尚存的“木瓜”制度做了如下记载。

> 木里每一大村或数小村，联合归一木瓜管理。木瓜等于康、藏各地之白色（即下文将谈到的“百虽”），云南称之曰伙头，世袭其职。全境有木瓜二十余，以俄雅（即今木里县俄亚纳西族乡）木瓜为最大。各木瓜受土司管辖，治理民事。[①]

木里在明朝时受木氏土司统治年深月久，影响深

① 刘曼卿：《国民政府女密使赴藏纪实》（原名《康藏轺征》），民族出版社，1998年，第142页。

远，由此可见，木氏土司的行政制度“木瓜”仍保留至20世纪30年代。

滇川藏区纳西族和藏族常说的“姜宗”的“宗”则与明代木氏土司在藏区所建的军事堡垒“碉楼”有关。在藏语中，“宗”意为“堡垒”，“姜宗”除了有“纳西域”的意思外，也有“纳西人的堡垒”之意。据戈阿干先生的调查，在西藏盐井一带的藏族和纳西族民间，“姜宗”（“居宗”）已经变成一个特用的专门名词，可见当时木氏土司“一程程一寨寨构筑堡垒”一事留在沿途各族人民印象中之深刻程度。王坤元老人曾对戈阿干先生说，他去过西藏班达和小昌都，那一带现在还有“木天王”的“居宗”。下盐井善肯本村老人登尤（纳西族，57岁）过去赶马帮，曾两次赴拉萨，见过“木天王”的“居宗”从盐井修到拉萨附近，沿途都可看到。

从1989年到2016年，我十多次到中甸（今香格里拉市）和德钦两地调查。在远离德钦县城的奔子栏一带和澜沧江边佛山乡纳古行政村等地，我看到了沿途有不少这种土碉楼，但当地老人对它的解释却与《维西见闻录》所记载的不同。《维西见闻录》中说：“丽江土知府木氏浸强，日率麽些兵攻吐蕃地。吐蕃建碉楼数百座以御之。维西六村喇普其宗皆要害，拒守尤固。木氏以巨木作碓，曳以击碉，碉悉崩，遂取各要害地……”当地藏民称这些碉楼为“姜人”的碉楼，“姜人”即是从古到今藏族对纳西族的称呼，沿袭了藏族著名史诗《格萨尔王传·姜岭之战》中对纳西族的称谓。他们解释说这些碉楼是“木天王”进兵藏区时修筑的，每攻下一个地方，“木天王”就筑一个碉楼，留下一些士兵戍守，然后再往前进兵。我1997年到佛山乡溜筒江村调查，该村藏族老人鲁茸告诉我，他们称这种碉楼叫“阿贡姜”，意思是“木天王筑的土堡垒”。

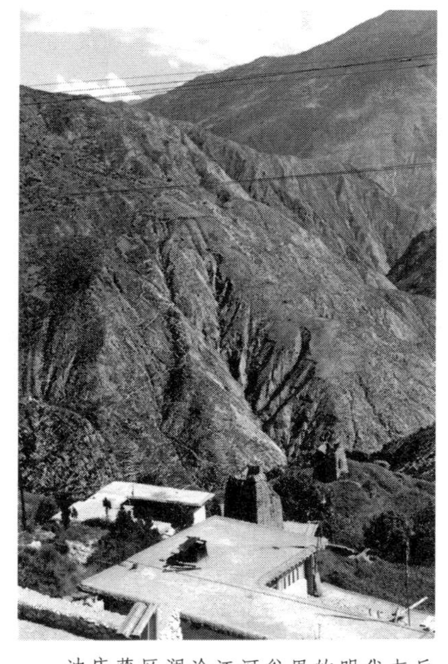

迪庆藏区澜沧江河谷里的明代屯兵碉楼

根据藏族学者阿图的讲述，木氏土司在藏区留下的堡垒线路分成两条，一条为通过云南德钦的“南路”，另一条为伸向四川甘孜州的“北路”。在这两条路线上，随处都还保留着这样的土堡垒残垣。在西藏的察隅、那曲，直到离拉萨只有三天步行路程的贡巴拉，都还可以见得到。在藏族老百姓中，至今还有这样的传说：“木天王”的兵马很多，而每到一地，就先让老百姓舂（夯）墙筑堡。

这种碉楼也分布在泸沽湖周围村寨的雅砻江流域的宁朗河、木里河等流域的村落。一般都建立在村寨的军事制高点，能起到瞭望和防御的功效。碉楼分石砌和夯土两种。有的碉楼高达五层。[①]

刘文徵编纂于明朝天启年间（1621~1627）的《滇志》中记载丽江府曰："雪销春水，遥连西蜀之偏；鳞次碉房，直接吐蕃之宇。"[②]

由此也可观明季木氏土司进藏一路所筑碉楼的盛况。

从流传在澜沧江一带藏族和纳西族中的藏语民谣中，也可看出"姜宗"与以堡垒为特征的山坡和村寨之间的关系：

居（姜）　吉崩　斯纳劳登
（纳西族的天王斯纳劳登）
老　罗里路劳　宗里居（姜）
（一程程一村村筑上堡垒）
色根　嘎崩　贡劳吉
（象兽王狮子一样居高临下）
哈萨　仲堆劳　色格嘎瓦佐
（在西藏拉萨的大佛前也竖上金柱）
依格　默当　普
（珍珠玉石像山一样献在佛前）[③]

---

① 黄承宗：《"木天王"在凉山的遗迹》，载《玉龙山》1994年第5期。
② 刘文征著，古永继点校，王云、尤中审订：《滇志》，云南教育出版社，1991年，第70页。
③ 戈阿干：《滇川藏纳西文化考察》，载丽江文史资料委员会编《丽江文史资料》第七辑。

这首歌谣中提到“一程程一村村筑上堡垒”，亦印证了“居（姜）宗”的“宗”即是军事据点和村寨结合为一体的“纳西域”行政制度。

## 木增与藏传佛教

在祖先们的基础之上，木增在丽江和藏区做了很多有佛缘的善事。

洛克拍摄的木增的画像，他手捻佛珠，背后是阿弥陀佛（Amitabaha）。翻拍自洛克《中国西南古纳西王国》，云南美术出版社，1999 年

明代纳西族木氏土司治理势力范围内的滇川藏部分藏区的重要策略之一，就是根据藏区的政治特点，建立与藏传佛教上层的密切关系，借助藏传佛教上层人物的力量治理好藏区。而在这个过程中，木增也逐渐成为藏传佛教的信徒。从木增的思想看，他对汉传佛教、藏传佛教和道教

都是怀着虔诚的信仰之心的。

《明史》中说："迨成祖、益封法王及大国师、西天佛子等，俾转相化到，以共尊中国，以故西陲宴然，终明世无番寇之患。"[①]大宝法王（噶玛巴）在三大法王中地位最高，为明成祖封给噶玛噶举派黑帽系第五世活佛的封号。黑帽系第五世活佛，《明史》作哈立麻，即噶玛巴的别译，本名得银协巴（1384~1415）。明永乐四年（1406），他受明成祖召来南京。次年春，受封为大宝法王，门徒二人，均被封为大国师。[②]

大宝法王原是元朝封给萨迦派八思巴的封号，是藏传佛教领袖人物的最高封号，明廷将此封号封给噶举派黑帽系活佛，表明此时噶玛噶举派的实力已经超过了萨迦派。

对明朝忠心耿耿的木氏土司之所以与藏传佛教噶举派活佛保持了密切的关系，除了木氏本身的佛教信仰因素外，更有着这样的政治背景。

明万历三十八年（1610），也正是二宝法王（此处指红帽系六世活佛）到丽江的同一年，西藏信奉噶举派的辛厦巴家族首领噶玛·彭措南杰占领雅效地区宣布独立，发兵后藏。万历四十一年（1613），噶玛·彭措南杰攻取彭波和内邬宗。万历四十六年（1618）七月，其子噶

① 《明史》卷三三一《西域传》。

② 《明史》卷三三一，第 8572、8573 页，转引自王钟翰主编《中国民族史》，中国社会科学出版社，1991 年，第 670 页。

玛·丹觉旺波率兵攻克卫地（前藏），推翻了帕莫竹巴王朝，建立了噶举派地方政权（藏巴汗政权）。藏巴汗政权建立后，拥立噶玛巴黑帽系十世活佛为“全藏法王”，[①]以确立噶举派在藏区的宗教权威地位。格鲁派领袖五世达赖喇嘛和四世班禅大师密商后求援于西蒙古厄鲁特四部之一的和硕特部首领固始汗，请他出兵帮助排除异己。固始汗便率军于1639年至1642年间经康区入藏，推翻了四川信奉本教、反对格鲁派的白利土司顿月多杰，占领了德格、甘孜、邓柯、白玉、石渠、玛尔康等部落，并击败了木氏土司在藏区的军事力量。接着推翻了西藏的藏巴汗政权，统一了西藏，并于拉萨哲蚌寺建立了格鲁派甘丹颇章政权，统治了青海、康区和

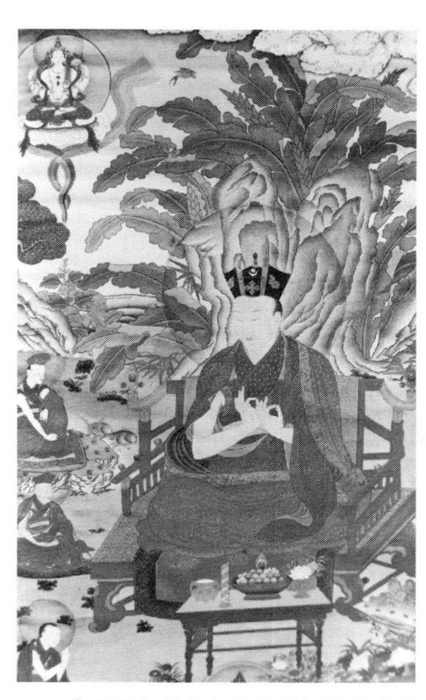

噶玛巴十世（大宝法王）却英多吉的画像。采自 David P.Jackson with An essay by Karl Debreczeny: Patron and Painter: Situ Panchen and the Revival of the Encampment Style, Rubin Museum of Art, New York, 2009

① 平措次仁编著：《藏史明镜》（藏文），西藏人民出版社，第242页。转引自冯智《明至清初滇藏政教关系管窥》，载《中甸县志通讯》1990年第3期。

卫藏大部分地区。

十世大宝法王却英多吉在两派的残酷争斗中避往“姜地”（即丽江），藏于纳西土司木增家里，从此与木增产生了很深的佛缘。

木增早在继位后不久，就向黑帽系十世活佛送去丽江土特产，并多次致书邀请他。[①]而此时，木增也怕达赖喇嘛和固始汗派兵来捉拿黑帽系十世活佛，于是积极地同在西藏的“黄白二教之争”中得胜的拉萨政权建立友善的关系，以缓和矛盾。在噶玛巴逃难来丽江的第二年，即1643年，“木土司即向甘丹颇章政权崇敬送礼”。[②]

当时，除了噶举派黑帽系十世活佛却英多吉避难于丽江外，还有其他噶举派活佛亦在丽江和尚属纳西木氏土司势力范围的中甸避难。道格拉斯和怀特合著的《噶玛巴》中说：“杰策活佛六辈（1660~1698）名诺布桑波在阳火鼠年（1660）诞生于丽江（vjiang）之中甸（rgyal-thang），第十辈噶玛巴却英多吉曾预言其诞生地，至是认定了他，扶他三岁升位。”[③]

上述事件在清代志书《道光云南志钞》中也有记载：

---

① 藏文《历辈噶玛巴法王传记总略·如意宝树史》，第148~151页，转引自冯智《明至清初滇藏政教关系管窥》，载《中甸县志通讯》1990年第3期。

② 智观巴·贡却乎丹巴绕吉著，吴均译：《安多政教史》，甘肃民族出版社，第43页。转引自冯智《明至清初滇藏政教关系管窥》，载《中甸县志通讯》1990年第3期。

③ 邓锐龄：《结打木、杨打木二城考》，载《中国藏学》1988年2期。

顺治十七年（1660），西番大宝法王因构争被逐，移居丽江府之中甸，遣喇嘛通路求入朝贡。十八年，蒙古、吐蕃干都台吉达赖喇嘛求通互市。时吴三桂镇云南，未叛，覆议开市于北胜州。康熙四年，蒙古侵据丽江府中甸，西番二宝法王哈马临清革丁挈家来奔，吴三桂令居南关外古城。五年，蒙古开六台吉，乌斯藏达赖喇嘛犯丽江、永宁、北胜边境。①

我们在上文讲到木增与徐霞客的友谊时，曾提到一个民间传说，木增把原来的避暑别墅解脱林改建为汉传佛教寺庙福国寺，后来木增和木懿父子又听从大宝法王的建议，在木懿的手上，把福国寺改建为藏传佛教寺庙。木增

大宝积宫的明代“白沙壁画”《孔雀明王海会图》，壁画正中绘孔雀明王佛像，画幅长 4.52 米，宽 2.07 米。翻拍自和仕勇主编《丽江白沙壁画图释》，云南出版集团、云南人民出版社，2011 年，第 16~17 页

① 王菘著，刘景毛点校，李春龙审定：《道光云南志钞》，云南省社会科学院文献研究室编印，1995 年，第 286 页。

时代，大力扶持所辖藏区的藏传佛教噶举派，也为滇西北藏传佛教噶举派的发展奠定了基础。

由于木氏土司与噶玛噶举派各大活佛之间保持了密切的联系，大致从万历年间开始，在以丽江为中心的木氏土司辖区，藏传佛教噶举派逐渐产生了较大的影响。据汉藏文献记载，土司木旺在万历十年（1582）在白沙修建了大宝积宫，土司木增于万历年间（1573~1619）在白沙修建护法堂、大定阁和金刚殿。大宝积宫壁画中的涉藏题材也多与噶举派题材密切相关。1933年，历史学家方国瑜教授与丽江学者和万松在丽江束河龙泉寺北岗俗称“万人冢”的明代墓地进行考古发掘，在刻有“大明”“公婆”字样的残碑墓冢中，掘到有藏文朱书经文的盛骨灰陶罐，方国瑜在《明十和院墓葬考》中说：

> 麽些族尚东巴教，以地近吐蕃，喇嘛教亦颇占势力。土司木氏，盛于明，多留遗迹，唯宗教以喇嘛教为最多，则当时以喇嘛教为首，墓葬之用喇嘛教教仪，亦意中之事，且所见骨灰朱书，系喇嘛文，立墓碑，亦多刻喇嘛文，有多至数百字者，则墓葬由喇嘛主持，此为可知者也。清代丽邑喇嘛，多束河乡民，明代自不乏奉喇嘛教者，尤可为佐证也。[1]

---

① 方国瑜：《明十和院墓葬考》，载《丽江文史资料全集》（一），丽江市古城区政协文专辑之三，云南民族出版社，2012年，第86~88页。

在滇西北地区流行三百多年至今仍于民间节日集会上讲诵的一种《却协》，歌颂了木增使噶举派盛行的功劳：

> 姜域王三赕麻哈西洛时最古之教，专擅杀生，血肉为祭，脏腑为帘，弓箭为栏。上祭天神，中祭厉神，下祭水神。……维至姜域帝松那罗丹时，信仰佛教，兴建大宝寺，供奉黑帽“春云笃几”、红帽“吹吉旺学”“皆旺那布”诸神。噶玛真谛，遐迩布闻。多降甘露，岁稔年丰。人畜安康，宁谧乐业。

上述这段“颂教”中所说的“姜域帝松那罗丹”即指土司木增噶玛米庞索南饶丹，其中的“春云笃几”即指黑帽十世活佛却英多吉（1604~1674），“红帽‘吹吉旺学’”即指红帽六世却吉旺秋。这两个活佛都与木增关系密切，前者曾长期（1642~1673）避居木增家中，后者曾在丽江主持编纂刊印了著名的藏文大藏经丽江版《甘珠尔》。

噶玛巴十世在丽江民间也留下了一些传说。20世纪90年代，当我在文海村（今属丽江市玉龙县白沙镇）进行田野调查时，当地人领我去看相传是藏传佛教“大宝法王”噶玛巴十世的神杖所化的岩石，它位于高原季节湖文海的南边。相传噶玛巴去鸡足山路过此地，在此放下手中的拐杖歇息，不一会儿公鸡啼鸣，他便往拉市（今丽江

藏传佛教“大宝法王”噶玛巴的神杖所化的岩石

拉市乡）方向赶路，拐杖化成一根石柱。从此文海上下两村的地脉便被这根神奇的石柱护住。文海在古老的茶马古道旁，是过去藏客在此放牧马群的地方。显然，噶玛巴的丽江之行与这条古道有密切的关系。当地人又指给我看南面不远处拉市的一片山峦，说这山称为“凑美居”，过去是情侣最喜欢去殉情的山。此外还有“根盘居”“补世居”等著名的殉情山，其中补世山可说是一个殉情的胜地。此山森林茂密，连绵起伏的玉龙雪山横亘眼前，作为封建社会牺牲品的殉情者可北望玉龙雪山的冰雪世界，俯视拉市神湖的一片碧蓝，与人世告别得从容安详。

我曾多次采访过纳西族著名的藏文专家，曾在文峰寺出家多年，后还俗当了居士的朗达先生，据他讲，丽江玉龙雪山也是一座佛教圣山，是一个“内”。在丽江，纳西人称神山灵山为“内”，称灵洞为“内可”。在云南藏区，藏族人也称佛教圣地为“乃”或“乃日”“乃空”，意为神住的地方或供奉圣迹之处。[①]听很多老人讲，过去来朝拜玉龙雪山的藏族人很多，他们认为这座山也是藏传佛教的一座神山。

在玉龙雪山山麓著名的“玉柱擎天”，有一个相传是藏传佛教噶举教派领袖，明廷封之为“大宝法王”的噶玛巴坐禅的神秘所在。相传噶玛巴十世却英多吉曾来到“玉柱擎天”上面，看天呈三角形，地呈三角形。他在此静坐，很多虎豹熊狼在他面前俯伏于地，听他念经。有个给木氏土司放羊的人牧羊来到此地，一群羊全涌过去聚集在噶玛巴周围，听他念经，赶也赶不走。牧羊人将这个异人的情况告诉木增土司，木增赶紧派他手下的重要官员来请他。至今岩上尚留着许多兽蹄印迹。这些带有神秘色彩的民间传说，折射了当时噶玛巴十世到丽江后在民间产生的影响。

我在达坞村里还了解到一个流传在当地的故事：相传藏传佛教噶举派（白教）“大宝法王”噶玛巴大师追狐狸精到此山，将其镇压在山上，为当地人迎来吉祥，至今噶玛巴大师仍以其神力镇压着狐狸精。这个故事正与清初藏传佛教噶玛噶举教派在丽江繁荣昌盛，在滇西北建有十三个大寺的历史相呼应。

---

① 《迪庆藏族自治州宗教志》，中国藏学出版社，1994 年，第 30 页。

在木氏土司的大力扶持推动下，藏传佛教噶举派在四川和云南藏区得到了兴盛，中甸县（今香格里拉市）境内明朝所建大宝寺、百鸡寺、嘉下寺、贡巴冈寺、格咱寺、纳格拉寺、衮钦寺等寺，皆与木氏土司有关或属噶举派。①

木氏土司十分虔诚地信仰藏传佛教，因此，有几世土司还取了藏传佛教的法名。木增父子笃信噶玛巴教。②

据藏文史料记载，火鸡年（1657）纳西王（丽江木氏）噶玛·泽满拉旺（无死永生帝释天之意，指十四世土司木懿，木增之子）父子和王妃的热情款待（指款待噶玛巴黑帽系十世活佛却英多吉），以及当地群众如海洋般的供施，丽江王和其他小王子所送礼品不计其数。

根据日本学者山田敕之的考证研究，藏文文献中还有木增的一个儿子出家的记载，他引述《噶玛噶举高僧传》说：

> 丽江的Iha btsum，karma rin chen 是法王bsod names rab brtan的末子，以俗家的身份成为出家人，放弃王政，辟静寂之地，努力实践教育的中心，因此得到见道的智慧。（《噶玛噶举派高僧传》第2卷，第348页）

---

① 冯智：《明至清初云南藏区的政教关系及其特点》，载《中国藏学》1993年第4期。

② 瑟格·苏郎甲楚：《噶玛巴黑帽系第十七世活佛却英多吉与迪庆的法缘关系》，载《迪庆方志》1992年第1期，第71页。

山田敕之论证说，法王“bsod names rab brtan（斯那劳登）即木增，他的末子是karma rin chen，出了家。但是，在《木氏宦谱》世系表里却没有木增子女出家的记载。这仅仅是在《木氏宦谱》里没有记载出家的事实，还是完全就不存在这一事实呢？因为没有其他材料，所以难以判断。笔者认为，由于《噶玛噶举派高僧传》具体记载了这些人的名字，因此即使他们不是木增真正的孩子，但木氏土司一族有过出家人却是不容怀疑的事实。[①]

松秀清、松永丽摘译的藏文台湾版《历代噶举派活佛高僧传》中也有这样的一段记载：“铁鼠年翼宿月（藏历二月）十一日，杰措·农布桑波活佛在建塘一房东家转世。七世红帽系为众多俗民讲经。以汉俗，《甘珠尔》朱版（意指在《甘珠尔》版上刻上汉文）。丽江木王的幼子噶玛米旁丹碧尼玛出家，筹建建塘仁昂拉康（大宝寺）主殿。杰措·农布桑波活佛八岁时授居士戒，赐名巴农布桑波卓敦衮夺桑波。供奉帽子，

在木增和木懿的支持下修建的大宝寺

① 山田敕之：《明代纳西木氏土司与噶玛噶举派转生喇嘛的交流》，载木仕华主编《纳西学研究新视野》，中央民族大学出版社，2014年，第189页。

举行坐床仪式。”[①]这段记载与山田敕之的论证相印证，可能木增有一个儿子是皈依了藏传佛教噶举派。

笔者很多次去已成格鲁派赫赫大寺的松赞林。1999年5月，笔者在该寺庙中意外地看到该寺八大康参（分寺）之一的“卓”（“姜”，纳西）康参已经落成，建筑宏伟壮观。该康参说明文字中介绍，这个康参是松赞林的第一康参，享有“康参设施虽差，但有金版《甘珠尔》之誉”。“大凡游松赞林寺，纳西康参是必拜之寺，……人们在约定俗成地遵循着这一原则，也许是因为这座康参是丽江木天王所建之由”，它有“民族康参”之誉等。笔者无意去考释这文字说明中的正误，但从这文字说明中，可以看出木氏土司早年在松赞林旧址修建噶举派寺庙的历史陈迹，可以看出明代和清初在云南藏区扶持藏传佛教的丰功伟绩一如他在藏区刊印行《大藏经》一样，在藏族民众中留下了极其深刻的印象。怪不得笔者多次从滇川两地的僧人和民众中获悉，康巴地区不少寺庙都在正殿中供有“木天王”（木增）的像，称为“木王殿”。滇川藏区的人们牢牢地记住了这个有浩荡功德于藏传佛教的“卓贡玛孙诺饶丹”（意即福泽永恒的纳西王）。

---

① 松秀清、松永丽翻译：《历代噶玛巴活佛高僧在中甸活动资料摘译》，载中甸县志办公室编《中甸县志通讯》1994年第4期。

## “木天王斯那劳登”的传说

在滇川藏区的藏族民众中，广泛地流传着“纳西王斯纳劳登”（或“索南饶登”）的故事。在藏族民间，木增被渲染成一个神话式的人物；在藏族的宗教界，木增有着很高的声誉。

《萨当汉·松诺罗丹》即其中流传很广的一个故事。在这个故事中，丽江木氏土司被称为“萨当汉”，即“丽江王”，他的藏语法名是“松诺罗丹”，意为“福祚永盛”。[①]

四川巴塘的藏族和纳西族又把“白狼国国王”与“居吉崩斯纳劳登”联系起来。“白狼国国王”与“木天王”的时代系两个相隔很远的历史时代，但“木天王”是“姜”的“王子”，而“白狼国”也曾经是“姜”的“王国”，因此，在当地纳西族的传说中，这两个纳西领袖合二为一。

戈阿干先生在巴塘从熟悉当地历史掌故的藏族老人黄玉兰那里收集到一个关于“白狼国”国王的民间故事，可以与“白狼国”的历史传说、考古资料和语言相印证，来探讨“白狼国”的历史真相。

黄玉兰讲：“白狼国的国王叫‘居吉崩斯纳劳

① 《迪庆藏族自治州概况》，云南民族出版社，1986年，第37页。

登’，他来过巴塘。过去的巴塘老年人都这么说。他是远征到巴塘来的。他看到巴塘地方好，就说，这里山秀水灵，是个大鹏展翅的气势。如要在这里盖上一个宫殿，一定会昌盛。他说到做到，就在巴塘的扎金顶修建了一座‘行宫’，一座白塔。后来，巴塘发生一场大地震，才把他的‘行宫’震塌了。这一震，又把‘行宫’搬到一个加崩弟的地方。所以，现在也还可以看得出，扎金顶与加崩弟的土质，在地质上是一致的。加崩弟是他的土官寨子，后来就在这个寨子里盖起了一座康宁寺。康宁寺是喇嘛寺，就是盖在他的‘行宫’的旧址上的。现在，寺庙还可以看到一些痕迹。寺周围的那些大柏树，便是那个土官寨子的人栽的。斯纳劳登原来信仰本教，后来由于宗教方面的矛盾，他的势力在巴塘也不那么显赫了。这座康宁寺是五世达赖喇嘛派了一个活佛来改建的，是从斯纳劳登的‘行宫家庙’基础上盖起来的。它原来的名字叫丁林康，1945年才改为康宁寺。”①

斯纳劳登显然是被滇川藏族神化的一个纳西族领袖，他代表的是明代经营滇川藏区的纳西族木氏土司。在藏族地区，斯纳劳登一般被认为是纳西族土司木增（木生白）。

木增的藏名就是索南饶丹，此即斯纳劳登的异写。由于木增笃信佛教，大力支持噶玛噶举，所以，噶玛噶举

---

① 戈阿干：《滇川藏纳西文化考察》，载丽江政协文史资料委员会编《丽江文史资料》第七辑。

的一位高僧为他写了一部传记，名为《绛杰波·索南饶丹传》（绛杰波·索南饶丹意为姜域之王索南饶丹），以宣扬木增为弘扬佛法所做的贡献。据藏族学者的调查，小中甸60 多岁的纳西族和藏族老人都说，三百多年前，绛杰波·索南饶丹引兵攻藏区，攻取了巴理杰三地［藏族对巴塘、理塘和杰塘（中甸）的惯称］。在小中甸修建了他的宫殿，并迁来很多纳西人。几十年后，藏族势力又大起来，捣毁了绛杰波的王宫。①

据四川省藏学家杨嘉铭、阿绒在甘孜州康南巴塘、理塘、乡城等地的调查，民间传说中的木氏土司，藏族称之为“舶萨当杰布”，这个“舶萨当杰布”是实有所指的，他的名字叫“四郎罗登”。“四郎罗登”何人也？便是木氏土知府木增。《理化县志稿》载：“印经院在县治长青春科耳寺之左，呼作巴孔者是也，清康熙时所建，置《大藏经》版十余万块，相传为松弄热登（四郎罗登的异译）所赠。经卷首有汉文《三藏圣秩序》。三藏原颂大明天启三年佛道成日，领顿首书及十方五觉诸灌顶授记佛长子不动金刚木增等字。”天启三年上距万历八年已四十多年，正第三世达赖创修长青春科儿寺，之后宜为所刻赠。所谓松弄热登者其木增之译名。明万历五年时木增尚未出生，万历二十六年保勘袭职时，年仅十一岁。到天启年间，他最后完成了对甘孜藏区康南的扩张和统治。据

① 徐丽华：《木氏土司王宫“茶占”述略》，载《中甸县志通讯》1989年第1期。

海拔 4014 米的四川省理塘县有著名的理塘大寺，是木增的祖父土司木旺出资修建的，当时还迎请三世达赖索南嘉措为寺庙开光。理塘寺有康区第一大寺之誉，是康区历史最悠久、规模最大的藏传佛教黄教寺庙。理塘寺又名长青春科尔寺，有“康南佛教圣地”之称

理塘寺大门的对面，可以看到酷似丽江佛教神山文笔山的一座山

传，其势力范围东达雅砻江畔（今雅江县），直接威胁到明正土司（其时称长河西鱼通宁远宣慰司）属地安危。明正土司一面隔江严阵以待，一面飞报朝廷，要求干预。由于雅砻江天险阻隔，明正土司的强大力量的对峙，才阻止了木氏土司的继续东进。再则因木增崇佛，故藏区民间传说中的木氏土司叫“绛杰布郎四登”。[①]

从上述文献和民间传说中可知，“斯纳劳登”也是木增的藏名。由于他在藏区广建藏传佛教寺庙，在藏区首印《大藏经》，大力推进生产的发展，他成为滇川藏区知名的“木天王”，并逐渐成了民间传说中的“白狼国国王”。

木氏土司中如木公、木高、木增等杰出的政治家在统治滇川藏区期间，在藏民中有较大影响。《滇云历年传》中载：“丽江土府，元、明俱资以障蔽蒙番。后日渐强盛，于金沙江外则中甸、里塘、巴塘等处，江内则喇普、处旧、阿墩子等处，直至江卡拉、三巴、东卡，皆其自用兵力所辟。蒙番畏而尊之曰‘萨当汗’。”[②]民间还称其为“卓贡玛”，将木氏土司抬高到纳西帝的地位。[③]

---

① 杨嘉铭、阿绒：《明季丽江木氏土司统治势力向藏区扩张始末及其纳西族遗民踪迹概溯》，见“西藏网”，西藏珠穆朗玛文学艺术基金会主办，杨嘉铭个人主页。

② 〔清〕倪蜕辑，李延校点：《滇云历年传》，云南大学出版社，1992年，第528页。

③ 中甸县志编纂委员会编纂：《中甸县志》，云南民族出版社，1997年，第266页。

清代末年，西康地区《敦义县志》“遗迹”部分，记载了有关丽江木氏的神奇传说：

> 昔日金沙江有一婴儿骑木漂至丽水，经人拯救，献于土酋为义子，生有异表，嗣后称霸，以木为姓，称为木天王，死后人民神之。凡所辖之地东由打箭炉（康定），西至察木多（昌都）以南，各寺院皆塑有其像于正殿，名曰木王殿。[①]

这个故事虽然仅仅是民间的一种传说，但可以看出木氏土司在藏区有很高的威望，因此成为神话人物。

在纳西族和藏族地区流传很广的纳西领袖“斯纳劳登”和“木天王”的传说和故事，是纳西族木氏土司经营藏区时逐渐形成的。木增后来成为对该区域产生较大影响的木氏土司的一个象征。在一些传说中，他是实有所指的人物，而木增则是其中流传最广、影响最大的一个“木天王”和“斯纳劳登”的原型。

在与藏族长期的经济文化交流过程中，纳西族把丽江的很多生产生活技术也带进了藏区，尤其在木增当土司的年代，这种交流特别突出。纳西族把种植红米的生产技艺和水利灌溉技术带到了康巴地区。据《巴安县志》（巴安是今四川省巴塘县）的记载，当地藏族多数使用用硬质木做成的犁

① 杨启昌：《略谈纳西族地区的喇嘛教》，见丽江县政协文史资料委员会编《丽江文史资料》第十辑。

铧犁地，纳西族带来了丽江铁犁，使耕地的深度和速度方面都有了明显改变。当地人叫这种犁铧为“绎肯”，即纳西犁铧。在巴塘白松的门扎村，至今还保留着古代纳西族开挖的大水渠，两岸的大树古老而苍劲，树干需两人合围。纳西族引水开渠之事，在甘孜州原康南金沙江流域地区亦广为流传。据巴塘、理塘等地藏族民众介绍，纳西族善于修沟造田，打墙壁建屋，种植水稻。巴塘东南区的大片梯田即是在纳西族的带动下开出的。

## 木增主持刊印丽江版《大藏经》

木增一生对藏传佛教所做的很大的一个贡献，就是在丽江主持雕版刊印了大藏经《甘珠尔》。此举被藏学界

木增主持雕版印刷的丽江版大藏经《甘珠尔》

学者誉为滇藏文化交流史上的大事。

明代丽江版《大藏经》是丽江多元文化的重要见证，是大昭寺的珍贵文物之一。它见证了纳西族与藏族友谊的历史，是滇西北地区与西藏地区文化交流的瑰宝。

《大藏经》为佛教典籍汇编而成的总集，以经、律、论为主，有巴利文《南传大藏经》、汉文《大藏经》、满文《大藏经》、蒙文《大藏经》、藏文《大藏经》等。藏文《大藏经》指藏文佛教经论的总集，分为两个部分：甘珠尔和丹珠尔。甘珠尔一般译为佛语部，即释迦牟尼本人的语录译文；丹珠尔译为论疏部，是佛家弟子对释迦牟尼教义所做的论述及注疏的译文。藏文《大藏经》规模宏大，其中除了佛教的经论（包括义理、仪轨、静修、咒语等）之外，还包括天文、历法、工艺、逻辑等多种学科的论著，对藏文化的发展产生了巨大影响。

藏传佛教何时传入云南纳西族地区，尚待深入研究。自明代中叶以来，随着纳西族木氏土司势力的向北扩张，加强了和藏传佛教的联系。木氏土司最初加强同藏传佛教主要教派领袖人物的关系，是在清楚地了解了明朝治藏国策的前提下进行的，它旨在借助这些藏族宗教领袖的影响，巩固自己在藏区的统治势力，取得藏区的民心。木氏土司在与各方藏传佛教领袖人物和高僧的频繁接触中，逐渐地成为虔诚的藏传佛教信徒，其家族中也逐渐产生了活

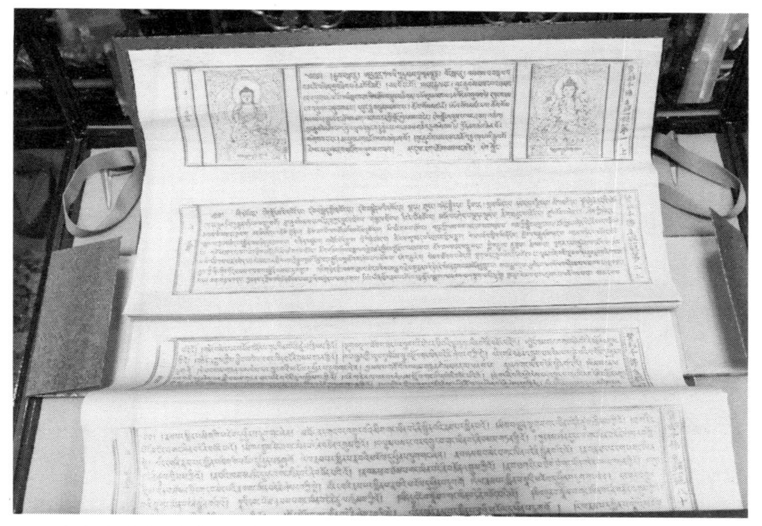

木府现在收藏着一部复制回来的明代丽江版大藏经《甘珠尔》

佛和高僧。藏传佛教对历代木氏土司产生了很深的影响。

明万历末年至天启年间，丽江府土知府木增主持刻印了藏文《大藏经》（史称丽江—理塘版《甘珠尔》），成为滇藏政教关系史和纳藏文化史上被藏族人民颂扬的重要人物。刊印《大藏经》的工作始于明万历三十六年（1608），完成于天启三年（1623），从刻印到完成历时十多年。这是在藏区第一次正式雕版的《甘珠尔》，共108函，包括一千多篇藏传佛教经典文献。由于藏族称呼丽江地区为“姜”或“章·三赕”，所以又按元代的记载写法译作“章·三赕”，完全是按照藏语的音译。所以这一版就称为丽江（章·三赕）版《甘珠尔》。

法国学者金枝由郎有如下的研究结论：根据丽江

版《甘珠尔》汉文序记记载，万历四年（1608）四月八日，木增土司开始将《甘珠尔》付梓，准备底本手稿、刻版，召集工匠和集中材料（在汉文中分别称为“缮录”“翻刻”“鸠工”和“集材”）。次年，土司要求六世扎玛把已经校勘的蔡巴《甘珠尔》借给他作为刊本的底本，此人同意了他的要求。木增主持刻印《甘珠尔》的工作一直到天启六年（1626）才完成，一共108函。金枝由郎还认为，丽江版《甘珠尔》最引人注目的特点是其中包含有《净光明经》，它是《时轮乘》的疏注文。它非常重要，相当于佛陀自己的说教。[①]

金枝由郎的上述研究时间上有些问题，万历四年是1576年，天启六年是1626年。木增生于万历十五年八月十五（1587年9月19日），所以他说的木增在万历四年开始将《甘珠尔》付梓显然是错的。还是上引王尧先生说的时间比较可靠。

此外，我们还可参考藏族学者东嘎·洛桑赤烈的说法，他著文说，在藏族地区首先印制《甘珠尔》，是在第十饶迥土鸡年（1609），第六世红帽系活佛却吉旺秋住在杂日措噶时，接受了丽江土司索南热丹提出的刻印一套《甘珠尔》并由西藏提供一个可靠底本的要求，先将前第悉帕莫竹巴的阐化王扎巴迥乃时期经过郭译师、宣努贝和噶玛巴米觉多吉、红帽系的京俄却吉扎巴等人多次校订

① 〔法〕金枝由郎著，耿昇译：《丽江版的藏文甘珠尔》。王尧主编《国外藏学研究译文集》第五辑，第282、284页。

过并存放在琼结秦达瓦孜的一套《甘珠尔》送给了丽江土司，以此为底本刻印了一套《甘珠尔》起止用了15年。[①]

显然东嘎·洛桑赤烈所说的时间1609年与王尧教授说的1608年这个时间比较符合木增在世主持此事的时段。

藏族学者噶玛降村曾撰文讲述这部《大藏经》的一些来龙去脉：

> 由丽江府土司木增（藏名噶玛弥旁索朗饶丹）从西藏迎请由宣粗释迦坚参、噶玛巴却扎嘉措、噶玛巴弥觉多吉、夏玛却吉扎巴以及桂译师宜努巴等人多次校订过的蔡巴《甘珠尔》写本，邀第六世红帽系活佛曲吉旺秋、第五世司徒曲吉坚赞和噶玛伦珠到云南丽江府辖区支持编纂、校勘，由木府出资藏区首创了第一部藏文《甘珠尔》，俗称丽江—理塘版《甘珠尔》。[②]

噶玛降村在另一篇文章中还说道：

> 丽江版《甘珠尔目录》中记载有如今雪域的所有《甘珠尔》经函的多数，如一些大智者之言虽依托《甘珠尔》为标准，然一些学者亦提出

---

① 东嘎·洛桑赤烈：《藏文文献目录学》，载《西藏研究》1989年第4期。

② 噶玛降村：《论纳西族与藏传佛教噶玛噶举的关系》，第55~56页，载木仕华主编《丽江木氏土司与滇川藏交角区域历史文化研讨会论文集》，中国藏学出版社，2008年。

> 异议等求疵之语，然而不能依何而解说，皆依此噶玛噶举之无上修行传承之教赐作为主要标准。故今《甘珠尔》之母本虽多，然此时依写造者而名之蔡巴《甘珠尔》更为殊胜，此版本历经宣鲁释迦坚参、噶玛红帽、黑帽历代法王及其他智者在圣土修订完善而成，系至今雪域诸版本中无与伦比的等之说。由此可知，其母本为蔡巴《甘珠尔》写本，深受人们的重视，非同一般。[①]

明代万历年间，五世达赖喇嘛和四世班禅大师请求和硕特部首领固始汗出兵帮助格鲁派（黄教）。固始汗便率军于1639年至1642年间经康区入藏，并于拉萨哲蚌寺建立黄教甘丹颇章政权，统治了青海、康区和卫藏大部分地区。到了清康熙三十七年（1698），和硕特蒙古南下的军事首领达尔杰博硕克图汗（固始汗的裔孙）兵临云南，在丽江见到了这一套《甘珠尔》经版，认为是可居的奇货，应掌握在自己的势力范围内，于是下令用骡马驮运到四川理塘大喇嘛寺存放。从此，这一部《甘珠尔》就名之为理塘版了，或称为“丽江—理塘版”。

理塘大寺也是在纳西族木氏土司的大力支持下建盖的。据藏文《三世达赖传》《格鲁派教法史——黄琉璃宝鉴》等许多史籍记载：明万历八年（1580）藏历新年，木

① 噶玛降村：《浅论德格〈甘珠尔〉的蓝本即丽江—理塘版〈甘珠尔〉》，载木仕华主编《纳西学研究新视野》，中央民族大学出版社，2014年，第202页。

旺荭临理塘发起集会，且出巨资迎请三世达赖索南嘉措到康区讲经传法，兴建寺庙，在理塘建寺的一切“乌拉”和所有工匠等全由木氏土司供给；请达赖三世主持佛殿、院落开光奠基仪式。

明代装运丽江版大藏经《甘珠尔》的红木箱子

现在拉萨大昭寺里珍藏着木增奉献给该寺的《甘珠尔》朱印版共108函，是大昭寺的珍贵文物之一。我在2002年曾谒大昭寺，因时间短促和有关管理人员不在，未能如愿看到丽江版《甘珠尔》。纳西族学者戈阿干于1985年在拉萨市宗教局寺庙科土登和该寺经堂管理人员帕措喇嘛的陪同下，在拉萨大昭寺观看了木氏土司在明朝天启年间向大昭寺捐赠的《大藏经》。装放着这一套经典的全部箱柜有54个，大小规格统一，每个约长80厘米、宽30厘米、高40厘米。全套《大藏经》便是装在这些红漆柜箱里由云南丽江驮来的。现在，除了摆在玻璃柜桌里的3卷外，其他全套经书仍照当年的包装方式置放在这些箱柜里。

我在2016年10月25日参与纳西人祖先文化考察队到拉萨，非常幸运地在大昭寺看到了这套稀世之宝。平时要看到这部大昭寺的镇寺之宝非常不容易，有三个重要僧人保管着藏经室的钥匙，必须3人都在才能打开藏经室。几年前，丽江市政府已出资并派专人复制回几套。在木增主持刊印的这套大藏经《甘珠尔》的引言上，盖着一颗大印，上面镌刻着“明国忠臣”四个字，由此也可见木增一直以“明国忠臣”自勉自励，体现了他精忠报国的情怀和夙愿。

据藏学家冯智先生调查，这套大藏经的经版分别藏在大昭寺、理塘寺和哲蚌寺中。[①]

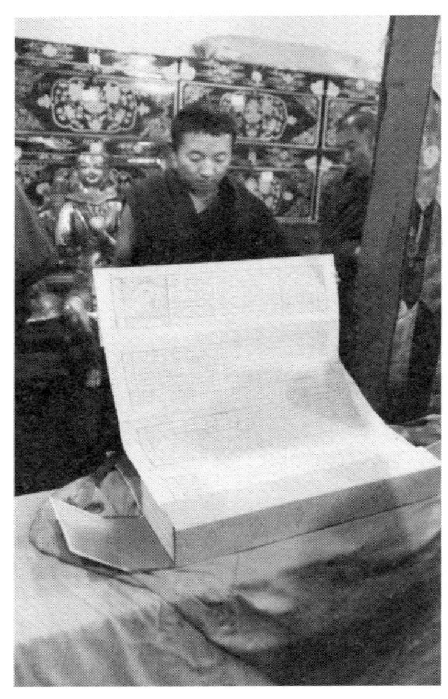

大昭寺的一个高僧给笔者等人展示丽江版大藏经《甘珠尔》

丽江版《甘珠尔》大藏经是纳西木氏土司和藏传佛教噶玛噶举教派首领人物密切合作的成果，是滇西北以纳西族为主的各族人民与西藏人民之间文化交流与传播的历史见证。丽江版《大藏经》的刊印，是滇藏政教关系史上的一大创举。

明代丽江版《大藏经》不仅仅珍藏于大昭寺，而且还流散到国外。藏族学者东嘎·洛桑赤烈著文说：

---

① 冯智：《理塘寺早期政教史初探》2005年第1期。

在藏族地区首先印制《甘珠尔》，是在第十饶迥土鸡年（1609），第六世红帽系活佛却吉旺秋住在杂日措噶时，接受了丽江土司索南热丹提出的刻印一套《甘珠尔》并由西藏提供一个可靠底本的要求，先将前第悉帕莫竹巴的阐化王扎巴迥乃时期经过郭译师、宣努贝和噶玛巴米觉多吉、红帽系的京俄却吉扎巴等人多次校订过并存放在琼结秦达瓦孜的一套《甘珠尔》送给了丽江土司，以此为底本刻印了一套《甘珠尔》（起止用了15年）。在考察这部《甘珠尔》的目录是谁编制的时候，我恰逢参加西德召开的藏学讨论会，看到了印度达兰姆萨拉图书馆负责人扎西才让编纂的大藏经抄编刻版历史，其中写道：他自己为了进行藏文图书方面的研究，去过噶伦堡、达吉岭、岗拖等地方。1976年在锡金王巴涅可丁的私人图书馆里看到有50页藏文草体古旧抄本短经，质量很好，题目为《丽江土司所造存于里塘大寺的佛经甘珠尔目录》，此目录是第六世红帽系活佛却吉旺秋于1614年编制的。这套《甘珠尔》有108函。以前，拉萨大昭寺楼上南面甘珠尔佛殿里存有理塘朱印本《甘珠尔》108函，每函都有绸缎的书包，每两包放在一个木箱里，据说这是丽江土司索南热丹献给大昭寺的开印样本。把丽江土司刻制的《甘珠尔》印版称为理塘朱印版的原因是：固始汗去世后，他的侄子坎卓洛桑丹迥担任巴塘、理塘、中甸等地的总管时，发动了反对当时西藏地区政权的战乱，达赉汗为首的蒙藏军队平息了叛乱后，将丽江的《甘珠尔》印版迎请到理塘寺，因此，通常称之为理塘朱印版。①

主持刊印大藏经《甘珠尔》的木增对藏传佛教的笃诚信仰，以及他置身在明朝衰落末世时期的悲观惆怅心情和寄情山水佛道的思想，可从他在主持刊刻藏文《甘珠尔》后所写的“三藏圣教序”中看出：

粤木增夙作何植，生兹末叶，既不睹菩提树之嘉会，又不聆坚固林之法言，徒切影坚胜军之弘护，空慕给孤宝积檀施，未尝不瞻金像而哽泣，披灵文而惨伤，叨承三宝之洪庥，为一方之地主，愧乏无忧之兴建，匪踵戒日之博济，每于政暇之际，禅观诵诗，深痛无常，晓夜惕虑……由是谨率僧俗人民斋沐虔诚，仰对十方三宝，诸天善神，敬立誓愿，凡世尊释迦牟尼如来金口所宣，经律论三藏梵荚，缮录翻刻。

藏学家王尧教授指出，木增在这里表现的目的还是

① 东嘎·洛桑赤烈：《藏文文献目录学》，载《西藏研究》1989年第4期。

很明确的："以此功德，回向实际，庄严菩提，上报四重之恩。下拔九幽之苦，饮铜吠铁，悉孕莲池，戴角披毛，俱生极乐，仰祝皇帝万岁，太平千秋，物阜民安，河清海宴，无选不悦、无远不来。次期祖爵绵永，家国利亨，卜世卜年，同玉岳之悠久，世子世孙，等金江之继续。五方宁谧，百姓康和。"

王尧教授指出，木增想追求一个安静、幽谧的世界，但事实上是办不到的。在木增生活的时代，明王朝已经气息奄奄，日薄西山，满洲女真部崛起，农民起义风起云涌。木增一直心系朝廷，一直表现出可贵的忠贞和难得的气节。从明王朝给予的封授职衔上可以看出他与明王朝的关系。[①]

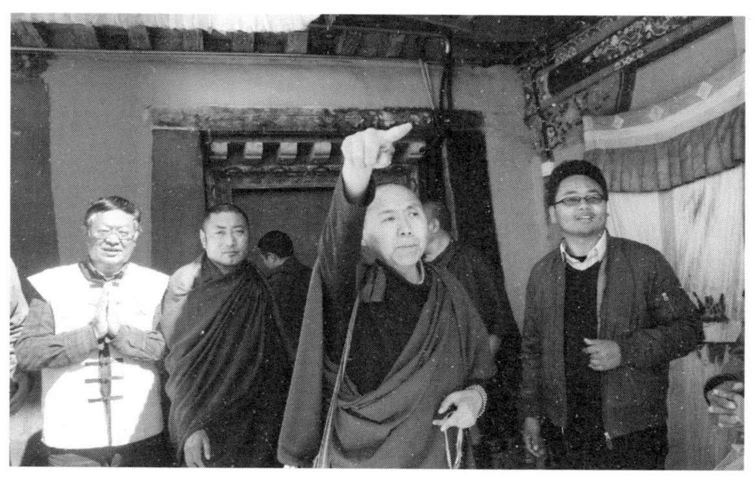

笔者于2016年10月25日看到了丽江版大藏经

① 王尧：《藏文大藏经丽江—里塘版甘珠尔经述略》，载《中央民族大学学报》（哲学社会科学版），1986年第3期。

从相关的史料看，木增是在丽江刊印雕版《大藏经》的，而印刷《大藏经》所用的纸，也应该是在丽江造的。《元一统志·通安州》（今丽江坝、拉市等区域）载：土产“马、猎犬、纸”，说明元代丽江就已经有纸，那时可能是延续至今的东巴写经书的纸。根据民族志调研资料，丽江古城的李氏是丽江绵纸的创始人，李氏原籍江南，后落籍云南鹤庆，在鹤庆松桂辛五营村以造纸为业。在明天启年间（1621~1627）就应木氏土司的邀请来丽江造纸。当时正是木增任丽江土知府之时，木氏土司赐给他一个姓凭的女子为妻，并安排他在玉水河畔建房居住，现在这儿叫新义街积善巷，纳西话称之为“生寺场杯”，意思就是造纸村。[①]从这点看，木增刊印《大藏经》的绵纸，应出自这样的造纸世家。

藏学界噶玛降村先生认为，丽江版《甘珠尔》的雕版印刷是在丽江解脱林。有关藏文资料记载，木公时代解脱林有雕版印刷的作坊，说明了印刷生产工作需要的裁纸、印刷、晾晒、装订、磨制烟墨以及管理人员用房和库房等在解脱林。可见，从已有的资料看，仍以丽江府附近解脱林为雕版印刷地合于事实。他认为四川德格版《甘珠尔》的蓝本也是丽江—理塘版《甘珠尔》。[②]

---

① 政协丽江市古城区委员会编：《丽江文史资料全集》（丽江市古城区政协文史专辑之四），民族出版社，2012年，第396页。

② 噶玛降村：《浅论德格〈甘珠尔〉的蓝本即丽江—理塘版〈甘珠尔〉》，载木仕华主编《纳西学研究新视野》，中央民族大学出版社，2014年，第203~204页。

许存仁先生又有另外的一说。他认为木增主持的丽江版《甘珠尔》的印制地点是在今玉龙县黄山镇的普济村。普济寺的住持喇嘛荣登，珍藏了当初印刷《大藏经》的师傅为检验效果而用红土颜料印刷的90页经书。相传当初木增把这些用红土印的经书给了普济村，而且把这个村定为印刷《大藏经》的地点。[①]

## 走访古城堡遗址和碧塔海

2016年12月31日，我和一些同事去香格里拉市进行田野调查，走访了今香格里拉市的小中甸纳西土城，这座城堡与木增有密切的联系。

关于这个土城，民国《中甸县志·大事记》中有这样的记录：

> （中甸）明，为丽江木氏土司地。今县属小中甸乡尚有木氏屯兵土城。……即东旺各处，亦仍保存摩些语音及祭天等类古俗。[②]

根据《中甸县地名志》的记载，当地藏族民众将这个木氏土司城堡称为“茶占”，“茶”是遗址的意思，

① 许存仁：《福国寺》，民族出版社，2015年，第63页。

② 段绶滋纂修，段志诚、和泰华标点校注：《民国中甸县志》，中甸县志编纂委员会办公室印，1991年，第21~22页。

“占”是大的意思，“茶占”就是大遗址的意思。当地又把这个城堡称为“茶阁”，意思是遗址上。根据一些口传资料，这个城堡面积约为6.25万平方米，城门面南有护城河、城墙。城堡内由前后两大院和后花园组成，前后院的左右都有配殿和厢房。在正殿废墟处，有瓦片和鹅卵石镶成的路，与丽江纳西族古建筑中的石子、瓦片镶成的路相同。20世纪60年代，当地人在遗址附近耕地时，曾挖出很多长约1尺、碗口粗的铸铁管（也有铜管一说），当地老人说，这是木氏土司引水用的。纳西族把铁管埋在地下，引贡曲鹅河的水来做护城河水和饮用水。根据老人回忆，这个城堡是盖瓦的。新中国成立初期，当地人挖宫墙的石脚时，曾发现过一个石碑，上面写的都是汉字。[1]

2016年12月底，我去看这个城堡遗址，原来没有去过这个地方，所以还找了一会儿，不知道土城在哪里。在路上碰到一个开车出来的藏族年轻人，我向他问路，他听了我的来意，热情地领着我们去看这个土城遗址。在城堡遗址看到了断壁残垣，还有两个石狮子，还有护城河的遗迹也十分明显。香格里拉市政府在这里立了一个碑，上面有如下文字介绍：

木土司城堡遗址

木土司城堡位于香格里拉市小中甸镇联合

① 徐丽华：《木氏土司王宫“茶占”述略》，载《中甸县志通讯》1989年第1期。

位于今香格里拉市小中甸的木土司城堡遗址

村，海拔3248米。

木土司城堡建于明嘉靖八年（1529），为丽江木氏土司向藏区发展的大本营和屯兵之所。遗址现存残墙数段，四周的护城河遗址明显可辨，遗址南面入口处现存两尊石雕残狮。

木土司城堡遗址是研究木氏土司征战屯兵制度、城堡构筑和滇西北地区民族关系的重要实物资料，具有较高的历史价值。

保护范围：以城堡遗址护城河沟为界，护城河内为重点保护范围。

建设控制地带：东面保护范围外延3米，北、西、南面保护范围外延20米。

香格里拉市人民政府　立

二0一六年四月十日

民国《中甸县志》对这个城堡有这样的记载：

> 木天王城。小中甸为全县三大平原之一，……路西有荒芜古城，询故老，谓系木天王所筑，四周土墙长二百丈有奇，墙厚五尺。墙外周围有壕，城内有十字甬道。四偶颓垣林立，然细加观察，则仍井井有序。南门前有石狮子二，雕刻精良，惜土人不知爱护，竟被牧竖将口鼻砸毁，委置草莽。城西百步远有土堙，可资瞭望。最高处有碉堡痕迹。绕土堙左右而西，未及百武，即冲江河，可汲水以供饮料。实当日木氏经营边地时屯田之所。即《唐书》所谓“堡障”也。[①]

据《中甸县志》所记，说这个城堡是嘉靖八年（1529）所建，当时称“羊各羊恼寨”。而藏族学者徐建华则认为，弘治年间到嘉靖年间，木氏土司虽然多次兵至中甸，但土司没有亲自来到这里，所以只是建立了军事所需的临时小“寨子”，谈不上建立规模宏大的王宫。《木氏宦谱》记载，“（万历）三十七年（1609），（木增）亲领兵到忠甸（即中甸）干普瓦，把托孤蒲率部叩头。”此时木增的势力十分强大。根据余庆远《维西见闻

① 段绶滋纂修，和泰华、段志诚标点校注：《民国中甸县志》，中甸县志编纂委员会办公室印，1991 年，第 190 页。

录》所记，万历年间，木氏土司率领军队攻打吐蕃，吐蕃建了数百座碉楼来抵御，但木氏土司的军队以巨木做碓，击破了所有的碉楼，奔子栏以北的吐蕃皆降，维西和中甸以及四川的巴塘、理塘等地都被木氏土司占领。徐建华认为，就是在木增这个强盛的时期建盖了小中甸的王宫。这个在20世纪80年代60多岁的本地纳西族和藏族老人那里得到了印证，认为这个王宫就是在绛杰波·索南饶丹（木增）时期修建的，还迁来了很多纳西族。木增吸取了他的父亲和祖父等上辈与藏区土司打仗时，占领了不少地方，但后来又很快被藏区土司收复的教训，通过与藏传佛教噶举派领袖建立更为密切的关系，而且首次刊印丽江版《甘珠尔》，传播到藏区，博得了藏族人民普遍的好感，减少了战争引起的冲突，也赢得了比较安宁的和平时期，木增也被藏族宗教领袖和民众所尊敬。木增在这样的环境下修建了小中甸的王宫。①

数百年风雨过去，昔日这个曾因高扬佛教文明之帜而天雨流芳、风云际会之地，如今已只剩断壁残垣和委顿泥尘的王宫石狮残骸。

这是当时木氏土司治理中甸的大本营和屯兵之处，遗址留存为方形夯筑城墙残垣。据《中甸县志》载：城堡遗址周长1500米，高约2米，厚0.7米。我在现场看到了十分明显的护城河遗址，还有一些残瓦，断壁残垣则是断断

① 徐丽华：《木氏土司王宫“茶占”述略》，载《中甸县志通讯》1989年第1期。

木土司城堡遗址尚存的断壁残垣

木土司城堡遗址尚存的两个石狮子

续续的，城堡内如今长满了碗口粗细的松树。在南门左侧残存有大石狮一对，虽然倒卧于地，已经历经沧桑，苔迹斑斑，但依然可以清晰地看到它们造型别致，雕刻技艺精湛，虎虎有生气。

领着我们去看城堡的那个藏族年轻人告诉我们，以前曾有人开着大卡车想把几个石狮子拉走，被村里人制止了。我们在城堡那里见到一个藏族妇女，和她聊起了这个城堡，她领着我们去村子里找村长。这个紧挨着城堡的村子是个自然村，名叫奶思村。我从村民小组长那儿了解到，奶思村共有农户35户189人。奶思村的社长带着我们考察了整个城堡的遗址，他介绍说，城堡的四角原来有碉堡，现在遗迹不明显了。

学者李旭曾经在20世纪90年代初考察了城堡附近吉孜宗这个原为纳西移民聚居的村子，看到了纳西和藏文化相互交融在这个村子的一些实况。这是个有76户人家近400人的村子，他去的时候，当时村民都已经信仰藏传佛教，每年年初年末都要去藏传佛教寺庙祭神。他们把这叫“央果楚”，“央”就是福分的意思，“果”是等待，“楚”是预测。人们认为不去寺庙就不顺，会有各种灾难，搞了“央果楚”就会平安无事。富有的人家还专门在家里设一间经房，其中建有佛龛，供奉着金银法器和菩萨。他们的服饰、饮食乃至房屋建筑和婚俗都已经与藏族无异，以前还保留着纳西族传统的“抢婚”习俗。尽管这个村子的村民现在都自称藏族，年轻人讲藏语，然而这里的老人讲的依然是纳西语。数十年以前，这里还有纳西族的祭司东巴，他们会用传统的东巴卜算方法算一年的收成和灾祸。

据李旭调查，这个村子迄今还保留着纳西族的祭天仪式，这是纳西族最重要的祭仪，也是纳西族认同的首要标志性仪式。该村的祭天场就在村外的一片空地上，是一个用乱石堆垛圈成的圆形场地。场子入口处建有一座小屋作供奉用，场内的正北方是祭台，用以栽神树，安神石，放置神米，它也是插香、放净水、祭酒、供品和牺牲的地方。每年从腊月二十八至正月初八，他们都要在这里祭天。先是由青壮年男子上山砍倒一棵柏树（刺柏）、两棵栗树，然后飞快地扛入祭天场中，插在祭坛中央；还要杀两头猪献祭，一头叫天猪，也叫大猪，一头是地猪，也称小猪；再以香土烧起冲天的青烟。全村男性都要在祭天场中跪拜。由于已经没有祭司东巴，整个祭天仪式就由村中长者用纳西话念诵东巴经主持。祭祀的整个过程不许讲藏话，也不许妇女们进入场内参加，以示男女有别。据村中的老人讲，他们的祖先是从丽江和金沙江边来的。①

根据王晓松的调查，中甸县小中甸乡公所所在地“吉孜宗”也是当时遗留下来的纳西自然村。如今村里的藏族平时所操语言是藏语，生活习惯也大多与藏族相同，但在服饰纹样和房屋内部装饰图案等方面还保留着不

① 李旭：《1990—1996：我眼中的中国民族现状》，载云南省社会科学院民族文学研究所编《民族文学研究集刊》第十辑。

少纳西族的特点。特别是宗教意识，仍较完善地坚持着信仰东巴仪轨；敬养神牛，即使它到田里吃庄稼也不敢驱赶；每年阴历正月初五，要举行“迎树”宗教活动。是日，全村不准讲藏话，要讲纳西话，也不敢搭理其他人。迎树活动由东巴主持，不许外村人参加。嫁出去的人也不得参加，娶进村的人三年后方有资格参加。……虽然留在藏区的纳西族在生活习惯、语言及宗教等方面深受藏文化影响，但在其聚居的村落，仍保留有相当分量的本民族传统文化。根据这些特点，我们也不难追溯其历史根源。向藏区迁移的纳西族，往往占据海拔较低、气候温暖、适宜生产发展的地区进行开发。无论是巴塘、乡城、盐井，还是德钦、中甸、维西等地，现有纳西族的村落，基本上都处于能种植苞谷、大米的地段。其红大米的种植，在康南地区是有口皆碑的。迪庆州的纳西族占总人口的百分之二十，大部分聚居于河谷地区。①

诸多资料证明，丽江版《甘珠尔》的刊印是在丽江完成的。木增经营中甸和他之前的几任木氏土司管辖和经营康巴藏区都非常成功，促进了纳西族与藏族之间的经济文化交流。他来中甸时又常在城堡里驻足歇息，所以很多在康巴地区流传的“木天王”的故事常常和他相关。

另外一个相传与木增有关的岛屿建筑则是在如今的位于香格里拉市的国家公园普达措里的碧塔海。据藏学家

① 王晓松：《浅谈〈姜岭大战之部〉的“姜”》，载《云南藏学研究论文集》，云南民族出版社，1995年。

木增修建过别墅（或寺庙）的香格里拉市碧塔海小岛

王晓松的研究，今天的普达措是梵文音译，意思是“舟湖”，最早的文字记载见藏传佛教噶玛噶举黑帽系第十世活佛《却英多吉传记（1604~1674）》第50页。书中这样记载：“……如是，法王往姜人（指纳西人）辖下的圣地以及山川游历观赏，在建塘边上有一具‘八种德’（甘甜、清凉、柔和、轻质、纯净、干净、不伤咽喉、有益肠胃），名叫普达的湖泊。此地僻静无喧嚣，湖水明眼净心。湖中间有一形如珍珠装点之曼陀罗般的小岛矗立其间，周围环绕普达措湖水，周围是无限艳丽的草甸，由各种药草和鲜花点缀。山上森林茂密，树种繁多，堪称建塘天生之‘普达胜境’。相传岛上建有一个佛殿。”[①]

深藏在森林草海深处的碧塔海是香格里拉市一个宛

① 王晓松：《王晓松藏学文集》，云南民族出版社，2008年，第281页。

如仙境的高原湖泊，纤尘不染，像一颗圣洁的巨大绿玉镶嵌在静默的深山密林中。民间传说，由于这个湖如此美丽，所以最初曾被一个女魔占据，藏族民间因此称碧塔海是“魔湖”，又称“毒湖”。民间传说藏族史诗英雄格萨尔王曾在这里镇压过这个女魔。

相传木增土司曾在此修建过噶举派寺庙，迄今仍可见残留的寺院的边墙石脚、路面石板和琉璃碎瓦。传说至今还能在湖中看到当时木土司用来在湖上荡舟的“猪槽船”（用整棵大树凿空而成，因形似喂猪食的木槽而得名）。上述记载说到十世噶玛巴却英多吉说碧塔海小岛建有佛殿，这应该与历史上噶玛巴十世却英多吉和木增的密切交往相关。这座佛殿相传于清康熙十三年（1674）被毁。

走在过去木氏土司曾经管辖过的康巴藏区，看到各种与木增和他的前辈土司们有千丝万缕关系的历史遗

纳西族象形文东巴经《崇搬图》中，讲述了藏族、纳西和白族是同父同母所生的三兄弟的故事

迹、山川河流、寺观庙宇和村寨，我颇为感慨。世事如风，岁月如江河流逝不回头。三百多年前，土司木增在滇西北和康巴地区弘扬佛教，并积极推进各民族的经济文化交流。虽然纳西族与藏族之间有过不少战争，但最终没有因为战争而成为世仇，而是在战后的和平相处与经济文化的交流中，“相逢一笑泯恩仇”，两族之间的经济、文化和信仰的交流不断加深。根据东巴教的首要经典《崇搬图》即《创世纪》的叙述和记录，藏族、纳西族和白族是同父同母所生的三兄弟，这在纳西族中是世世代代认同的，而纳西族一直将藏族视为大哥。

木增，这个杰出的边地纳西土司，在他不到60年的人生里，谱写了波澜壮阔的历史篇章。明清直到民国，丽江逐渐成为“茶马古道”的重镇和集散地，丽江大研古城

1997年开始重建，1999年2月2日举行竣工典礼的新修木府

中有了专门供藏族商人和马帮居住的社区。纳西商人和马帮去藏区做生意，僧人去藏区修行和朝圣，也一路得到藏族同胞和僧人的帮助，很多地方的纳西族与藏族相互通婚，相互融合，共同谱写了滇藏贸易和“茶马古道”辉煌的篇章，这些篇章既是经济的，也是文化和信仰的。[①]我想，一直延续到现在的纳西族与藏族之间的友好关系，与木增等很多智者几百年的努力是分不开的。如何睿智地处理好多民族之间的关系，形成不计历史恩怨、和睦相处、和谐与共的格局，这些先贤给后人留下了珍贵的政治

木府背倚黄山（即狮子山），黄山是过去木府举行祭天和祭山神的地方，上面有举行这些仪式的普德坛遗址

① 关于这方面的详细内容，可参读杨福泉《纳西族与藏族的历史关系研究》，民族出版社，2005 年。

和文化遗产，留下了以诚感人和以德服人等好品质，值得今人和后人好好借鉴，以古鉴今，把今天的民族关系建设得更为和睦和谐。

# 后 记

受“云南百位历史名人传记丛书”编委会之邀，写这本明末纳西土司木增的传记。我虽然对木增的史事还算比较熟悉，但感到要写成一本传记，史料还是比较少，开初有些犹豫。后来想到编委会能把这个杰出的云南纳西族土司列入这套丛书中，也是独具慧眼。像木增这样文武双全，慧心灵性，博通儒释道典籍，一生忠心报国，被朝廷所倚重而一再受褒奖，在中原名士中也有很好的声誉，在藏区又被高僧大德和民众敬奉为“木天王”，这样的人物在云南少数民族土司中是十分罕见的。我因此就逐渐坚定了写这本传记的决心。博览史料典籍和同道的研究成果，结合我多年在丽江和滇川藏区田野调查的见闻，最终写成了这本讲述木增的书。作为一本初创之作，我把它视为抛砖引玉之书。

非常感谢对云南文献历史有很深造诣的余嘉华教授，他在百忙中接受了我的拜托，通读了全书，提出了一些很重要的修订意见。余老师是学界前辈，如此不惮烦劳，从本书所引史料的细节到关键的一些观点，都认真和我讨论，提出建议，完善了这本小书。我谨在这里对余嘉华老师表达我的感激之情。

我一直认为，即便是一本通俗读物，如果能有详细的资料引证，将会裨益读者，加大书的可信度，而且能给读者更多的信息。非常感谢丛书编委会接受了我的请求，保留了全书的页下注释。

前人已远去，慧果留后人。木增以边地一个少数民族的土司，忠心报国，创下了辉煌的业绩，还留下了很多诗文，为云南历史和中华民族史增添了一道耀眼的光彩。愿这些历史名人的忠诚、智慧和勤勉，激发今人的壮志激情，建设当今更美的云南。

杨福泉

2017年6月10日于昆明静思斋